**MAKRON Books**

# O BRASIL QUE DÁ CERTO

## O Novo Ciclo de Crescimento
## 1994-2005

**MAKRON Books**

# *O BRASIL QUE DÁ CERTO*

## *O Novo Ciclo de Crescimento 1994-2005*

### Stephen C. Kanitz

MAKRON *Books* do Brasil Editora Ltda.
Editora McGraw-Hill Ltda.
São Paulo
Rua Tabapuã, 1105, Itaim-Bibi
CEP 04533-905
(011) 829-8604 e (011) 820-8528

*Rio de Janeiro • Lisboa • Bogotá • Buenos Aires • Guatemala • Madrid • México • New York • Panamá • San Juan • Santiago*

Auckland • Hamburg • Kuala Lumpur • London • Milan • Montreal • New Delhi • Paris • Singapore • Sydney • Tokyo • Toronto

O Brasil que Dá Certo – O Novo Ciclo de Crescimento 1994-2005

Copyright © 1994 MAKRON *Books* do Brasil Editora Ltda.

Todos os direitos para a língua portuguesa reservados pela MAKRON *Books* do Brasil Editora Ltda.

Nenhuma parte desta publicação poderá ser reproduzida, guardada pelo sistema "retrieval" ou transmitida de qualquer modo ou por qualquer outro meio, seja este eletrônico, mecânico, de fotocópia, de gravação, ou outros, sem prévia autorização, por escrito, da Editora.

*EDITOR:* MILTON MIRA DE ASSUMPÇÃO FILHO

*Produtora Editorial:* Joana Figueiredo
*Produtor Gráfico:* José Rodrigues
*Capa: layout:* Douglas Lucas
   *Foto:* Raul Jr. – Revista *Exame*

*Editoração e fotolitos em alta resolução:* JAG

Dados Internacionais de Catalogação na Publicação (CIP)
(Câmara Brasileira do Livro, SP, Brasil)

Kanitz, Stephen Charles, 1946–
   O Brasil que dá certo : o novo ciclo de crescimento 1994-2005 / Stephen Charles Kanitz. – São Paulo : Makron *Books*, 1994.

1. Brasil – Condições econômicas 2. Brasil – Política econômica I. Título.

94-2387                                                                                   CDD-338.9

Índices para catálogo sistemático:

1. Desenvolvimento e crescimento econômico 338.9

*Aos meus filhos, Roberto e Ricardo Kanitz,
que irão desfrutar de um novo milagre econômico*

MAKRON
Books

# SUMÁRIO

| | | |
|---|---|---|
| **Introdução** | | IX |
| **Capítulo 1** | **O crescimento dos anos 70** | 1 |
| | O milagre do crescimento com financiamento barato | 1 |
| | Produtividade cresce com equipamentos modernos | 1 |
| | Expansão industrial garantida pelo mercado cativo | 1 |
| **Capítulo 2** | **O que deu errado em 1981** | 11 |
| | A crise da dívida externa | 11 |
| | A crise do petróleo | 11 |
| | Bancos estrangeiros suspendem empréstimos de US$15 bilhões anuais | 11 |
| | Sem financiamento o crescimento é interrompido | 11 |
| **Capítulo 3** | **A herança da década de 1980** | 21 |
| | Dívida externa corroída | 21 |
| | Má imagem do País no exterior | 21 |
| | Fim da crise do petróleo | 21 |
| | Reservas recuperadas | 21 |
| | Empresas com baixo endividamento | 21 |

| | | |
|---|---|---|
| **Capítulo 4** | **O país preparado para um novo ciclo de crescimento** | 47 |
| | As 500 maiores empresas voltam a crescer | 47 |
| | Estatização não é obstáculo | 47 |
| | Bolsas voltam a subir | 47 |
| | A riqueza do interior | 47 |
| | O sucesso das franquias | 47 |
| | Produtos populares, o caminho para a indústria | 47 |
| | Nova mentalidade empresarial | 47 |
| **Conclusão** | | 81 |
| **Apêndice** | **Inflação superestimada** | 85 |
| | A razão do fracasso dos planos de estabilização | 85 |

# INTRODUÇÃO

É costume analisar a economia de um país por fatores como o desempenho de seu saldo comercial, variações de seu Produto Interno Bruto, taxas de juros cobradas no seu sistema financeiro e as demais variáveis macroeconômicas, ou seja, a análise dos grandes números que refletem o desempenho de uma nação. Neste livro iremos olhar a economia não pelos seus grandes números, e sim através dos dados resultantes da análise de milhares de pequenas e médias empresas, das 500 maiores empresas e das 50 mil franquias instaladas no país. Estes são os números relevantes numa economia moderna.

A análise de um país atualmente é feita de baixo para cima e não de cima para baixo; não se começa mais pelo ministro da Fazenda e sua política econômica. O que muda um país são os milhares de pequenos empresários, executivos, microempresas, franqueadores e franqueados. Esta obra não terá a elegância de um livro de economia, justamente por tratar ao mesmo tempo de tantas variáveis e personagens.

O Brasil passou ao longo dos últimos dez anos por grandes mudanças que não transparecem nas estatísticas econômicas. E graças a essas mudanças o País vive um novo ciclo de desenvolvimento, iniciando timidamente em 1992 e consolidado em 1994, que se estenderá provavelmente até 2005. Será um novo milagre econômico semelhante ao da década de 1970, o período mais rico já registrado na história econômica brasileira.

Cresceremos menos se tivermos um governo federal que não consiga perceber os novos tempos e as novas concepções gerenciais. Cresceremos mais se os futuros dirigentes souberem agir como catalisadores do crescimento, em vez de insistirem no papel de geradores do crescimento. O catalisador obtém o melhor resultado com mínimo esforço.

O mundo mudou. Não são mais os grandes planos macroeconômicos que determinam o sucesso ou o fracasso de uma nação do ponto de vista da economia. São os pequenos detalhes, que fazem parte do dia-a-dia dos negócios das empresas, sejam elas pequenas, médias ou grandes, que passam a ser exaustivamente estudados e registrados nos livros de administração de empresas, a nova coqueluche do mercado editorial. Detalhes como vocação, criatividade e determinação dos jovens empreendedores que mudam o perfil empresarial brasileiro e acabam, aos poucos, com a era de domínio absoluto das grandes empresas sobre a economia do país. Hoje se fala das novas relações humanas nas empresas, que estimulam o empregado a ser mais responsável pelo produto que fabrica e, ao mesmo tempo, estimulam os empresários a fazer desse mesmo empregado um parceiro nos negócios.

Este livro vê o Brasil sob a ótica da organização produtiva, como se fosse uma grande empresa e a partir daí descobrimos coisas fantásticas, como, por exemplo, que o nosso país não é uma *empresa* superendividada como os economistas do FMI insistem em dizer há mais de dez anos. Devemos muito pouco em relação ao nosso patrimônio. Situação aliás similar à das empresas brasileiras que estão entre as menos endividadas do mundo.

Não sou um otimista messiânico. Segundo aqueles que rotulam pessoas e idéias fui considerado um pessimista por prever, em 1984, sete anos de recessão para a economia brasileira, quando a maioria dos especialistas teimava em ignorar os claros sinais de que a década de 1980 seria perdida em termos de crescimento, por fatores muitas vezes alheios ao controle do País e que detalho nesta obra.

Portanto, não sou otimista nem pessimista. Tento transmitir ao leitor, e aos que acompanham a discussão destas idéias, por meio de seminários e palestras que tenho realizado em dezenas de empresas pelo país afora, anos de experiência na análise da economia brasileira. As surpresas vêm dos pequenos números, das pequenas empresas, dos pequenos empreendedores e dos pequenos negócios.

Ao contrário do que aparenta, o Brasil não é um Boeing 747 que voa sem rumo e precisa de um bom piloto no Ministério da Economia. O Brasil é a soma de milhares e milhares de *teco-tecos*, cada um no seu rumo, voando muitas vezes em direções opostas. Se o ministro da Fazenda errar, o Brasil continua. Este livro falará justamente sobre os *teco-tecos* que cruzam os céus do País e não sobre os ministros que ficam em Brasília.

O Brasil irá crescer independente da sabedoria dos futuros presidentes e ministros. Sem dúvida poderíamos crescer mais rápido se fossem tomadas algumas medidas inteligentes na política econômica. Cresceremos menos, mas cresceremos, porque o que impulsiona hoje o País são os brasileiros e não o seu governo.

Gostaria de agradecer a várias pessoas que colaboraram com este livro. Primeiro, à minha editora e amiga Rosvita Saueressig, que deu a várias destas idéias uma forma clara e consistente. Aos meus amigos da revista *Exame*, Antonio Machado, José Roberto Guzzo, Mario Watanabe, Paulo Nogueira, Guilherme Velloso, Paulo Henrique Amorim, Ruy Falcão, Antonio Felix, William Salazar, José Roberto Nassar, com quem ao longo dos anos discuti inicialmente várias das idéias contidas neste livro.

Aos meus colegas da Universidade de São Paulo, onde as idéias germinam e a quem devo uma série de observações importantes sobre os rumos deste País. E, especialmente, aos meus alunos que ouviram estas idéias em aula e as aprimoraram.

São Paulo, junho de 1994
Stephen Charles Kanitz

Faculdade de Economia, Administração e Contabilidade
Universidade de São Paulo
Caixa Postal 11948 São Paulo
Fax – 011-8425724

**CAPÍTULO 1**

# O CRESCIMENTO DOS ANOS 70

- *O milagre do crescimento com financiamento barato*

- *Produtividade cresce com equipamentos modernos*

- *Expansão industrial garantida pelo mercado cativo*

O milagre econômico brasileiro, como ficou conhecido o ciclo de maior prosperidade já vivido pelo País, foi, na verdade, o milagre do crescimento com financiamento barato. O dinheiro habilmente atraído pelas empresas estatais e também pela iniciativa privada veio das poupanças disponíveis em nações mais ricas na forma de empréstimos com juros de 3% ao ano, ao fantástico ritmo anual de US$15 bilhões durante mais de uma década.

Os surtos de crescimento da maioria dos países ricos ocorreram na metade do século passado, numa época em que não existiam mecanismos de captação financeira como os eurodólares. O capital que financiou o seu desenvolvimento foi gerado internamente à custa de grandes sacrifícios da população. Trabalhadores eram submetidos a longas jornadas de trabalho em péssimas condições, recebiam baixos salários e geravam a mais-valia, diferença justificada pelo sistema capitalista como necessária para reinvestir em novos equipamentos e infra-estrutura.

Esse processo de acumulação interna de recursos, duramente criticado por seguidores do pensamento marxista que o consideravam mais uma forma de exploração do trabalho pelo capital, foi o modelo seguido por países como Inglaterra e Estados Unidos durante seu processo de industrialização.

A criação no Brasil de mecanismos como a Resolução 63 e a Resolução 4.131, ainda na década de 1960, abrem as portas para a poupança internacional. É importante lembrar que há uma enorme diferença entre capital externo e poupança externa. Capital externo é o dinheiro próprio de empresas multinacionais, que vêm ao Brasil abrir subsidiárias e, como todo investidor, projetam retornos de 15% a 20% ao ano sobre o seu investimento. No caso brasileiro, o investidor americano quer até mais do que 20% ao ano por causa dos riscos inerentes aos negócios no País.

### Nós crescemos substituindo a mais-valia marxista pela mais-valia financeira

Até 1963, o Brasil recebia apenas o capital estrangeiro que demandava uma taxa de retorno elevada. A partir de 1964 e 1965 abre-se a possibilidade de captar diretamente empréstimos bancários, provenientes de recursos gerados pelas poupanças das velhinhas de Londres e Nova Iorque, que rendiam juros de 3% ao ano, descontada a inflação.

Pela primeira vez na sua história o Brasil teve acesso a dinheiro muito barato. Estatais e empresas privadas investiam esses recursos a um retorno de 20% a 25% ao ano e a diferença, entre os 3% e os 25%, ficava no país. No fundo, nós crescemos substituindo a mais-valia marxista pela mais-valia financeira. Curiosamente o Brasil acabou explorando as velhinhas de Londres, os pequenos investidores e alguns xeques árabes que ficavam satisfeitos com juros de 3% ao ano.

      As exigências, relativamente simples, inerentes ao dinheiro que entra na forma de empréstimo facilitam a vida das empresas. A subsidiária de uma multinacional, quando traz capital da matriz, importa também um corpo administrativo e uma auditoria externa, além de restrições e amarras como as consultas periódicas obrigatórias às sedes lá fora. Já o empréstimo externo requer apenas o pagamento de juros a cada seis meses e do principal, pago no prazo estipulado, normalmente dez anos.

      Inauguramos assim um surto de crescimento fantástico. Boa parte da opinião pública brasileira vê, equivocadamente, com muito maus olhos qualquer processo de endividamento, e esquece que uma dívida com juro baixo é a melhor coisa que pode acontecer a um país. Desaconselhável é endividar-se a juros estratosféricos, como ocorreu em 1994, com as taxas atingindo níveis de 25% ao ano.

      Um dos indicadores mais expressivos desse ciclo de prosperidade é a produtividade da mão-de-obra, que cresceu de forma contínua na década de 1970 contra uma nítida estagnação durante os anos 80, a década perdida. (Ver Gráfico 1.)

      Aumentar a produtividade de um trabalhador nem sempre significa obrigá-lo a trabalhar mais num menor período de tempo ou usar métodos como o *taylorismo* e o *fordismo*, que estudaram cientificamente os mínimos movimentos do trabalhador para que ele, com o menor esforço possível, produzisse o dobro no mesmo período de tempo.

**Gráfico 1     Produtividade da mão-de-obra.**
               **(1971 = 100)**

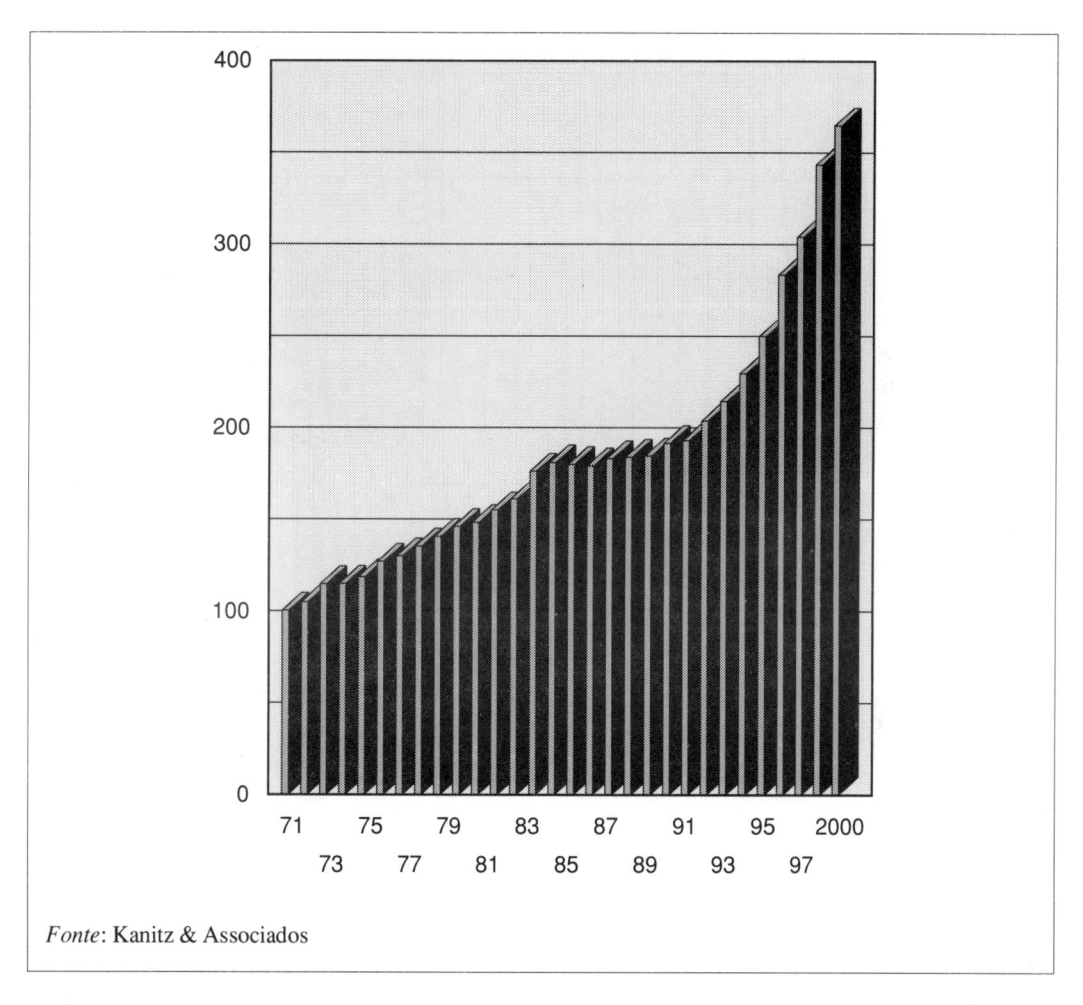

[Gráfico de barras mostrando produtividade de 1971 a 2000, variando de 100 a aproximadamente 370]

*Fonte*: Kanitz & Associados

A produtividade do trabalhador brasileiro dobrou durante a década de 1970, estagnou no decorrer dos anos 80 e voltará a dobrar até o ano 2005.

O mundo moderno sabe que a melhor forma de aumentar a produtividade do trabalhador é associá-lo a equipamentos mais avançados e portanto mais caros. Existe uma nítida relação entre o capital investido num trabalhador e a produtividade por ele gerada. O operário brasileiro produz, em média, US$98 mil de receita anual, contra US$250 mil gerados por um operário americano no mesmo período. (Ver Gráfico 2.)

**Gráfico 2 Receita anual gerada por trabalhador. (Em US$)**

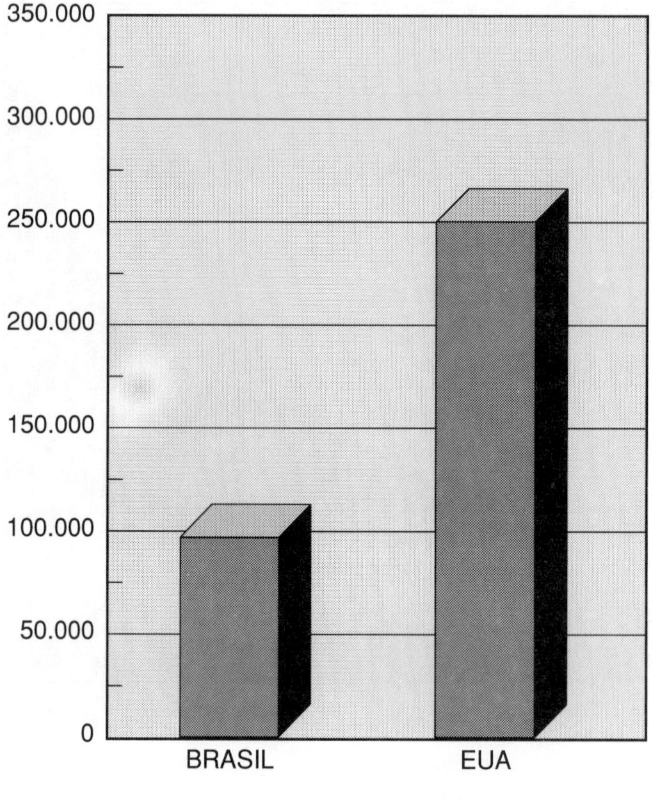
350.000
300.000
250.000
200.000
150.000
100.000
50.000
0
BRASIL
EUA

*Fonte*: Kanitz & Associados

O trabalhador médio americano produz US$ 250 mil num ano de trabalho, enquanto o trabalhador brasileiro produz US$ 98 mil.

Em contrapartida a uma produtividade três vezes maior, o trabalhador americano recebe quase o triplo em investimentos, US$265 mil, contra US$97 mil investidos em média no trabalhador brasileiro (ver Gráfico 3), incluídos aí itens como equipamentos, máquinas, galpões, estoques, entre outros.

**Gráfico 3  Investimento por trabalhador.
(Em (US$)**

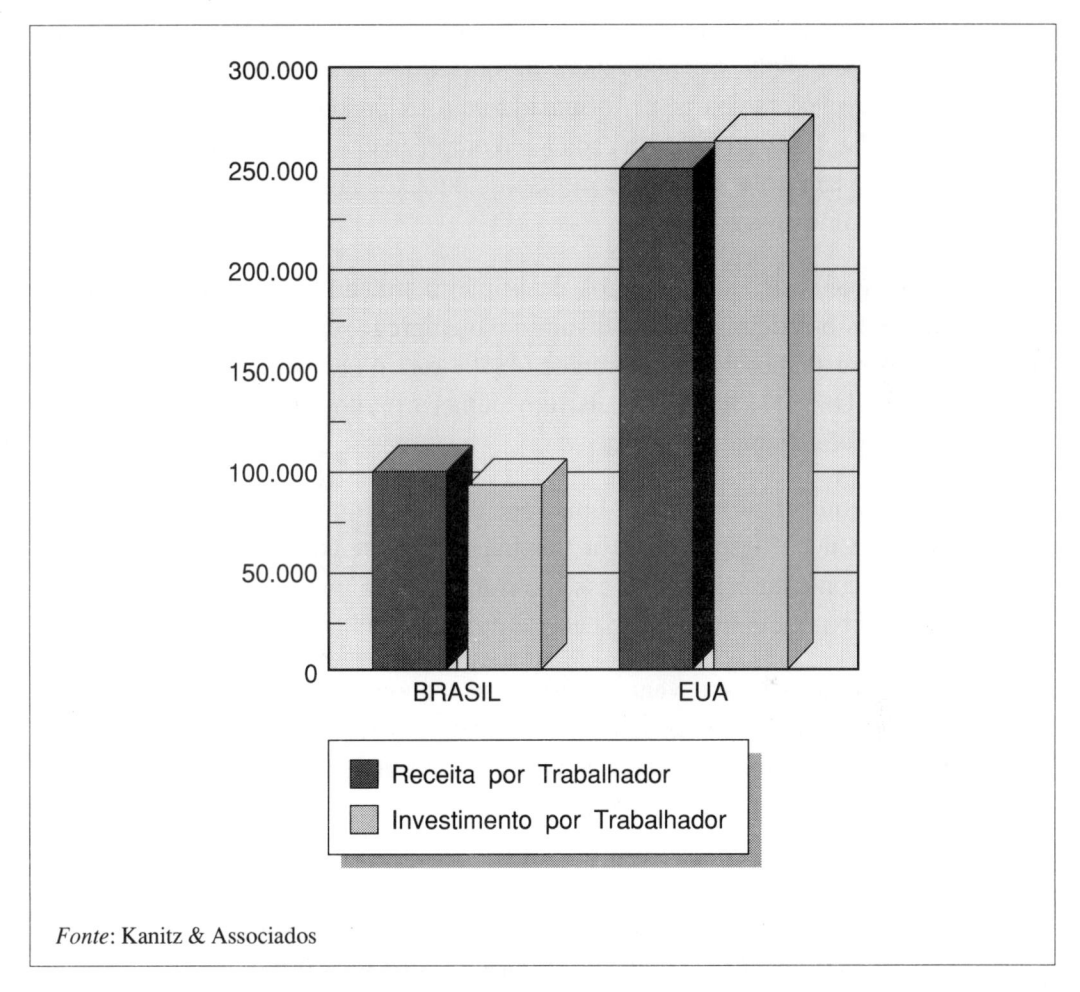

[Gráfico de barras comparando BRASIL e EUA, com valores de Receita por Trabalhador e Investimento por Trabalhador]

*Fonte*: Kanitz & Associados

O trabalhador brasileiro é tão produtivo quanto o americano, o que lhe falta são investimentos em equipamentos mais modernos.

A maior produtividade do trabalhador americano é diretamente proporcional ao capital nele investido. Uma leitura mais atenta ao significado dos números destes dois gráficos mostra que o operário brasileiro é tão competente quanto o trabalhador americano, já que produz proporcionalmente quase a mesma coisa. O que lhe falta são máquinas mais modernas que melhorem seu nível de produtividade e permitam elevar seu salário em três ou quatro vezes, proporcionando uma renda mais próxima a dos países mais ricos.

São números que impressionam. Se quisermos gerar empregos de primeiro mundo, proposta que chegou a ser formulada pelo ex-presidente Collor, precisamos investir, em média, US$290 mil para cada novo emprego criado. Se considerarmos que a cada ano ingressam no mercado 1,5 milhão de pessoas, necessitaríamos de US$435 bilhões em investimentos anuais.

Entretanto, estes são números de primeiro mundo. No parâmetro das 500 maiores empresas brasileiras o custo de um novo emprego, em termos de equipamentos, instalações e estoques está em torno de US$98 mil, o que demandaria um investimento anual de US$147 bilhões. Ainda um número muito alto para ser financiado exclusivamente pela poupança interna.

Criar e equipar corretamente uma vaga em uma empresa brasileira ao custo de US$98 mil equivale à despesa para a montagem de um consultório odontológico. Alguém precisa construir e financiar esse consultório para que o dentista possa trabalhar. O mesmo acontece com uma vaga aberta na indústria brasileira.

Nem todas as novas vagas abertas na economia brasileira obedecerão ao padrão das 500 maiores empresas do País. Muitos desses 1,5 milhão de empregos serão gerados na economia informal, ou nas empresas menores, onde o investimento é bem mais baixo, entre US$20 mil e US$48 mil por trabalhador.

*Comprar o seu emprego é uma tendência do futuro.*
*Os pais hoje compram franquias para seus filhos*

Com a tendência, que detalharemos nas páginas seguintes do livro, de criar pequenas empresas, ou seja, terceirização de serviços para microempresários, os pais terão uma tarefa ainda mais pesada. Dar a um filho uma educação superior não será mais suficiente para garantir seu sucesso profissional, provavelmente terão de conseguir os US$98 mil de capital inicial para que ele possa trabalhar. *Comprar um emprego* será uma tendência do futuro, no movimento de franquia já é comum pais comprarem um negócio para seus filhos.

Na década de 1970, o Brasil investiu de forma contínua no trabalhador, com a entrada maciça de dinheiro do exterior. Por estes fatores, crescemos de 1936 a 1976 mais do que o Japão. O Brasil só perde o seu posto ao Japão porque sofre uma estagnação na *década perdida*.

Um outro aspecto que deve ser levado em conta é a ampla base industrial instalada no Brasil, em conseqüência da política de substituição de importações implantada na década de 1970. Com alíquotas de importação proibitivas e legislações protecionistas, o País passou a produzir de tudo para um mercado praticamente cativo. Ao contrário dos japoneses, que se especializam em algumas áreas como eletrônica e automóveis, o Brasil tem um parque industrial dividido em nada menos que 32 setores.

Uma situação paradoxal porque de um lado contraria preceitos da economia moderna, que sugerem uma atuação mais enfocada e mais concentrada setorialmente, mas de outro essa imensa base industrial poderá alavancar a retomada da economia.

O aspecto negativo dessa base industrial amplamente pulverizada é a estrutura empresarial favorecida pela política de substituição de importações, que concentra em um setor apenas dois ou três concorrentes, trazendo como conseqüência os oligopólios setoriais. No Japão existem 12 fabricantes de automóveis exercendo uma competição acirrada, às vezes até predatória, na luta pela produção de um carro melhor e mais barato.

Concorrência forte gera um dinamismo empresarial muito superior ao do Brasil, onde dois únicos fabricantes de um setor chegam ao absurdo de dividir o mercado por critérios geográficos, um domina o mercado do Nordeste e o outro, o do Sul. Essa convivência pacífica a longo prazo não é boa nem para eles, porque as empresas sem concorrência não se renovam com a freqüência necessária, nem para o consumidor.

**CAPÍTULO 2**

# O QUE DEU ERRADO EM 1981

- *A crise da dívida externa*

- *A crise do petróleo*

- *Bancos estrangeiros suspendem empréstimos de US$15 bilhões anuais*

- *Sem financiamento o crescimento é interrompido*

Crescer mais cem anos. Este teria sido nosso prognóstico em decorrência de um financiamento externo barato e da rentabilidade por ele gerada. Infelizmente, em meados de 1981, todos os bancos internacionais cortaram suas linhas de crédito, interrompendo nosso ciclo de crescimento a juros baixos. A maioria dos especialistas, entre eles os economistas do FMI, atribuíram esse corte a questões como desajuste em nossa economia, superendividamento, obras faraônicas de infra-estrutura e à incompetência do governo.

O Brasil somente pára de crescer em 1981 porque de um dia para outro 1.200 bancos, em grande parte americanos, interrompem esse fluxo de empréstimos. O mais grave é que não foi um processo programado com uma redução gradativa do fluxo de capitais. Existiam investimentos planejados para a entrada futura de dinheiro; alguns muito altos como a hidrelétrica de Itaipu, que consumiu US$20 bilhões, metade em forma de empréstimos externos.

Para pagar o financiamento de Itaipu era necessário primeiro colocá-la em funcionamento; a sua energia viabilizaria a produção de empresas que gerariam divisas com exportações e que pagariam a dívida feita para construir a gigantesca hidrelétrica. Todos os banqueiros sabiam que Itaipu por si só não geraria divisas.

Em 1981, os banqueiros decidem suspender os empréstimos para o Brasil, México, Chile, Filipinas e outros 60 países. A partir daí surge outra dúvida: será que todos esses países tomadores de recursos no mercado internacional estariam fazendo tudo errado ao mesmo tempo? O que o Brasil tinha a ver com as Filipinas, um país com sistema político e econômico completamente diferente?

*Se pensarmos o Brasil como uma sociedade anônima, veremos que a dívida externa de US$180 bilhões é menos do que 4% da riqueza nacional*

Outro aspecto curioso estava no fato de não haver nenhum banqueiro disposto a continuar emprestando dinheiro para esses países. É da essência do capitalismo ter um investidor contrariando uma tendência muito forte. Quando a Bolsa cai, sempre aparece um maluco para comprar ações. Sendo assim, é necessário uma análise mais cuidadosa dessa ação conjunta dos bancos de cessar abruptamente seus empréstimos.

Os economistas em geral não associam o desempenho de um país a uma empresa. Se pensássemos o Brasil da época como uma sociedade anônima, veríamos que, para um patrimônio de US$3 trilhões, o País tinha uma dívida externa de US$180 bilhões, o que significa menos de 4% da riqueza nacional. A empresa média brasileira trabalha com praticamente 50% de dívida para cada 100% de patrimônio. Na empresa americana a relação é ainda maior, cada US$100 de patrimônio corresponde em média a US$300 de dívida. Essa relação de endividamento de 4% sobre o patrimônio é, portanto, ridiculamente baixa.

O Brasil era um país muito pouco endividado na década de 1980. O que não tínhamos era liquidez, pois as reservas haviam caído a zero. Em termos análogos, seria como se o milionário Tio Patinhas fosse à feira sem uma moeda no bolso. Ele é rico, mas está sem condições até de comprar um pão por falta de liquidez, e não por excesso de endividamento. Qualquer banqueiro emprestaria dinheiro numa situação dessas ao Tio Patinhas, exigindo é claro garantias em troca de novos empréstimos.

***Por que o Brasil estaria quebrado, se pagava somente juros de 4,5% ao ano?***

Outro ponto sobre o qual a opinião pública brasileira ainda não foi devidamente esclarecida é como o Brasil estaria quebrado pagando somente juros de 4,5% ao ano? Naquele período, os dois primeiros anos da década de 1980, as taxas estavam um pouco mais altas do que a média histórica de 3%, em decorrência de um surto inflacionário que ocorria nos Estados Unidos. Entretanto, ainda era um juro barato. Se de 1992 a 1994 a taxa média de juros fixada pelo Banco Central brasileiro atingiu 22% ao ano e mesmo assim poucas empresas pediram falência ou concordata, por que o Brasil teria quebrado numa época de juros de 4,5% ao ano no mercado internacional?

Finalmente, o terceiro aspecto, um superávit comercial de US$12 bilhões, que torna ainda mais duvidosa a versão de que o fluxo de dinheiro dos bancos teria sido interrompido por causa de problemas graves na economia brasileira. Esse saldo proporcionava uma margem de segurança de quatro vezes sobre os US$3 bilhões de juros anuais exigidos na época. Usando uma analogia empresarial, o lucro do Brasil era de US$12 bilhões e as despesas financeiras reais eram de US$3 bilhões. Onde estaria, portanto, a *crise da dívida externa?*

Esses três pontos acima relacionados – baixo endividamento sobre o patrimônio, juros baixos sobre a dívida e um bom superávit comercial – constituem padrões de excelência de empresas de primeira linha. O tipo de organização para a qual os banqueiros adoram emprestar, pois o risco financeiro é pequeno.

Na realidade não foi o superendividamento da nossa parte nem a desorganização da economia brasileira que interromperam esse crescimento, mas sim um erro na regulamentação bancária do governo americano. Esta proíbe que seus bancos emprestem valores superiores a dez vezes os seus capitais, uma regulamentação, aliás, adotada por todos os bancos centrais do mundo, até o brasileiro. Essa restrição nada mais é que uma medida de prudência financeira que quer evitar que os bancos privados emprestem mais que sua capacidade, colocando em risco o sistema financeiro, no caso de quebra de uma instituição.

### *O balanço dos bancos americanos não é corrigido pela inflação e o patrimônio acaba sendo corroído*

As leis americanas não prevêem a deterioração da moeda pela inflação, um fenômeno familiar aos brasileiros. Nenhum trabalhador, executivo ou funcionário no Brasil aceitaria um salário em moeda brasileira, mesmo que seja equivalente a dez vezes o seu patrimônio, sem uma cláusula de correção monetária que compense a deterioração causada pela inflação.

Em conseqüência das baixíssimas taxas anuais de inflação nos Estados Unidos, o sistema financeiro americano não inclui cláusulas de correção monetária nos seus contratos e nas suas leis. As distorções que decorrem daí são facilmente detectadas. Imagine o que aconteceria com o capital inicial de uma instituição como o Banco de Boston, fundado em 1776, que não sofre nenhuma atualização monetária em mais de 200 anos de inflação americana. Contabilmente esse valor estaria dizimado no final desse período.

Os lucros dessas organizações acabam sendo maiores do que na realidade são, uma vez que não é descontada a inflação. Além disso, o imposto de renda americano detém a metade desses lucros; a outra metade é tomada pelos acionistas na forma de dividendos. Muitas empresas americanas não apresentam resultados positivos, já que o lucro contábil é superior ao lucro real descontada a inflação.

A situação dos bancos é muito parecida. Como a depreciação da moeda americana não é lançada nos balanços, o patrimônio líquido de um banco americano acaba corroído pela inflação. A capacidade de emprestar dez vezes o seu patrimônio vai caindo gradativamente.

A legislação brasileira é mais moderna, pois permite aos bancos emprestar até 12 vezes o seu patrimônio líquido corrigido anualmente pela inflação brasileira. Alguém poderia argumentar que por razões contábeis o banco americano seria mais rentável que o brasileiro. Como não se corrigem nem o patrimônio líquido nem as depreciações, o lucro do banco americano acaba sendo superestimado. Nesta linha de raciocínio, se o banco americano reinvestisse todo o lucro contábil superestimado, o efeito seria neutro, um erro compensaria o outro.

### *Os bancos talvez até continuassem emprestando dinheiro ao Brasil, mas a legislação bancária americana não permitia*

O desastre é que a Receita Federal americana não pensa dessa forma e exige 50% dos lucros dos bancos; os acionistas, normalmente conservadores, exigem outros 50% do que sobrou, o chamado lucro retido, em distribuição de dividendos. Na prática, o banco americano não consegue compensar o efeito da inflação, e muitas vezes o que aparenta ser um lucro contábil não passa de prejuízo.

O efeito da inflação americana, historicamente situada na faixa dos 4%, acabava sendo compensado pela alta rentabilidade dos bancos em torno de 12% ao ano, fato que garantia o crescimento de seu patrimônio acima da inflação. Por esse motivo, durante toda a década de 1970, o efeito da erosão do patrimônio pela inflação continuava existindo, apesar de ser amenizado pelo bom desempenho dos bancos.

Esse equilíbrio acaba em 1981, quando a inflação estoura e atinge os 10% ao ano e 12% no ano seguinte. O patrimônio líquido das instituições financeiras é corroído e elas começam a ter prejuízos. Inicia-se uma fase de inadimplências, provisões para devedores duvidosos, e o lucro torna-se negativo, reduzindo ainda mais o patrimônio. Já não dá para esconder o efeito da inflação americana e todos, sem exceção, estouram seus limites bancários e param imediatamente de emprestar para países como Brasil, México, Chile, Filipinas e outros.

Os bancos talvez até continuassem a conceder empréstimos ao Brasil, entretanto, a legislação bancária americana os impedia. E se tem uma coisa que banqueiro não faz é ir contra a legislação bancária de seu país.

Essa situação estende-se até 1983, quando os bancos americanos acabam criando subterfúgios para essas restrições de crédito na forma dos derivativos financeiros – modalidades de empréstimo que não apareceriam nos livros contábeis, chamados *off balance*. Os bancos passam a funcionar como avalistas, tornando viáveis empréstimos concedidos por outros organismos como os fundos de pensão, na época à procura de aplicações rentáveis ao seu patrimônio que suprissem suas crescentes necessidades atuariais de pagamento de benefícios.

### Como os sorvetes, cobertos com diferentes camadas de cremes e cereais picados, as operações bancárias estão bem mais sofisticadas

Esses artifícios, nascidos da impossibilidade de os bancos americanos emprestarem dinheiro por meio de operações tradicionais, constituíram mais tarde os prósperos mercados derivativos. Quase dez anos depois o mercado praticamente não opera mais o empréstimo *plain vanilla*, uma referência ao sabor básico do sorvete, a baunilha. Como os sorvetes, cobertos com diferentes camadas de cremes e cereais picados, as operações bancárias estão bem mais sofisticadas.

Só que, ironicamente, quem não estava preparado para esse novo tipo de operação era o próprio Brasil. Estávamos habituados ao assédio por parte dos bancos que nos ofereceriam empréstimos em eurodólar a juros flutuantes, muito convenientes aos banqueiros, pois ficam fora da jurisdição de qualquer Banco Central.

O Brasil tomava esse tipo de empréstimo sem se preocupar com diversificação; 90% dos financiamentos que fizemos foram dentro do euromercado com juros flutuantes. Nesse tipo de operação a taxa de juros só é determinada após a assinatura do contrato. Juridicamente, esses contratos são até inconstitucionais, já que nenhum economista poderia assinar um contrato em nome do governo no qual a taxa de juros está em aberto. A *libor,* taxa aplicada a esses contratos, na verdade são cinco letras, cujo valor, desconhecido antecipadamente, flutua ao sabor do desempenho das economias mais desenvolvidas.

A súbita interrupção dos empréstimos bancários em 1981 obviamente pegou o Brasil despreparado, sem os estoques e sem a estrutura financeira necessária. O País estava programado para receber US$15 bilhões, quando estes não entraram, foi obrigado a fazer ajustes.

As conseqüências estenderam-se a praticamente todos os setores da economia e muitos planos foram adiados. Acabamos tendo um superávit na geração de energia elétrica durante quase 15 anos, porque não houve financiamento para instalar as novas indústrias que utilizariam a energia produzida em Itaipu.

Nesse período surge a imagem de um Brasil superendividado, mal administrado, financeiramente incompetente, um país sem reservas, com risco de crédito extremamente elevado. Guardo até hoje um vídeo que retrata bem a opinião que se tinha do Brasil na época.

Esse vídeo foi distribuído pelos banqueiros americanos às principais escolas de administração de empresas lá fora. Nele eram mostrados banqueiros de boa-fé, negociando empréstimo com um ministro da Fazenda de um país não determinado. O ministro tinha um bigode fino preto e afirmava com ênfase que pagaria o empréstimo. A cena seguinte mostrava um animado dia de carnaval carioca. Essa era a nossa imagem lá fora.

O objetivo era claro. O sistema financeiro internacional, certamente pressionado por seus acionistas, rapidamente queria mostrar que os erros eram do Brasil, e não dos banqueiros que haviam emprestado o dinheiro. Esse clima de quase histeria impediu a reflexão que o momento exigia; a saída mais fácil era culpar o Brasil. Nessa época começa a cantilena do FMI e do Banco Mundial de que o Brasil precisava fazer um ajuste, ou seja, precisávamos criar um plano de estabilização econômica. Na verdade deveriam ter sido modificadas as leis bancárias americanas que obrigassem os bancos a contabilizar a inflação americana.

A tragédia de toda esta história é que os bancos pararam de emprestar ao Brasil não porque o país estivesse com sua economia em frangalhos, não porque estivesse com sua estrutura econômica deteriorada, não porque estivesse superendividado, mas por um erro de avaliação do Banco Central americano.

Essa crise modificou profundamente as relações do sistema financeiro internacional com as chamadas economias emergentes. Em 1986, os governos dos países ricos ratificaram o acordo da Basiléia que impedia novos empréstimos às ditaduras latino-americanas e também ao mercado imobiliário americano, **outro escândalo financeiro de grandes proporções na época.**

***A única forma de o Brasil voltar a ter acesso a poupanças externas será via fundos de pensão estrangeiros***

Os empréstimos passaram a ser ponderados segundo conceitos de demérito. Um empréstimo para a América Latina teria um custo de 120% do seu patrimônio, ao contrário de financiamentos para empresas americanas que custavam 100% do patrimônio da empresa. As restrições dos bancos internacionais hoje em vigor colocam em xeque a política externa brasileira de fazer as pazes com o FMI, e por extensão com o sistema financeiro internacional para que os bancos voltem a emprestar.

Ledo engano. A legislação americana não mudou e até ficou mais dura depois do acordo da Basiléia. Pior ainda, apesar de sucessivos ministros brasileiros e equipes do Banco Central terem negociado a nossa dívida externa, em nenhum momento se discutiu a necessidade de mudança nos limites bancários americanos. Nunca chegamos perto de perder essa negociação, já que ela nunca foi feita pelos mais de 32 economistas que passaram pelo governo federal, durante a chamada *crise* da dívida externa.

A única forma de o Brasil voltar a ter acesso a poupanças externas será via fundos de pensão estrangeiros, pois essas entidades não são controladas pelo Banco Central americano. Os fundos podem emprestar valores proporcionais ao patrimônio, que é protegido da inflação, porque normalmente este está aplicado em operações de curto prazo como ações em Bolsa. Quase 80% do dinheiro que entrou no Brasil nos últimos anos veio de fundos de pensão.

A impossibilidade de o FMI avaliar corretamente o problema, criado com a interrupção dos empréstimos internacionais ao Brasil, leva a uma sucessão de medidas totalmente equivocadas. O País põe em prática uma série de planos de estabilização, todos fracassados. Modifica a sua taxa de câmbio e reduz drasticamente os seus salários para dar competitividade às exportações brasileiras. O Brasil transforma-se numa enorme máquina de exportação para fazer frente à deterioração do patrimônio líquido dos bancos, que continuou sendo corroído pela inflação norte-americana na década de 1980.

Por outro lado, os bancos passam a cobrar insistentemente o pagamento dos juros da dívida. Curiosamente os bancos internacionais não foram capazes de perceber esse processo que acabou destruindo o sistema bancário americano. Nos dez anos da crise da dívida externa brasileira – a década perdida – as instituições financeiras sofreram tanto quanto o Brasil em termos de prejuízos e perdas.

*Os grandes bancos passam a ser todos japoneses, graças a uma legislação bancária mais eficiente*

O sistema financeiro japonês acaba ultrapassando o sistema bancário norte-americano. Os grandes bancos passam a ser todos japoneses, graças a uma legislação mais eficiente que permite a incorporação aos seus patrimônios de qualquer valorização imobiliária que eles tiverem nos seus ativos, seja em suas agências ou em outras propriedades. Isto é um pouco semelhante, ou até melhor, ao que fazemos no Brasil com a correção monetária.

Os japoneses foram espertos ao descobrirem que poderiam criar moeda simplesmente insuflando o seu mercado imobiliário. Quanto mais suas sedes valorizassem, mais eles poderiam emprestar – em outras palavras, uma máquina de imprimir dinheiro. Foram os banqueiros os responsáveis pelo *boom* imobiliário no Japão, pelo esforço que fizeram para emprestar dinheiro ao setor.

O *boom* imobiliário japonês explode em 1989 e deixa os bancos na mesma situação que as instituições financeiras americanas em 1981. Com a queda do valor imobiliário de seus patrimônios, eles precisavam fazer «pedalar ao contrário» e pedir às empresas japonesas para pagar seus empréstimos. Essa situação somente se estabilizará quando a curva da inflação japonesa coincidir com a curva descendente da valorização imobiliária. Quando as duas curvas se cruzarem, a economia japonesa estará em equilíbrio novamente.

# CAPÍTULO 3

# A HERANÇA DA DÉCADA DE 1980

- *Dívida externa corroída*

- *Má imagem do País no exterior*

- *Fim da crise do petróleo*

- *Reservas recuperadas*

- *Empresas com baixo endividamento*

Há um fator que relaciona de maneira positiva a questão da dívida externa brasileira com a inflação americana. A mesma inflação que corrói o patrimônio líquido dos bancos acabou corroendo a dívida externa brasileira. Para um leigo o Brasil devia US$100 bilhões em 1982 e essa dívida cresce apesar de todo o esforço feito pelo FMI e de todos os ajustes efetuados pela economia brasileira.

Esta é uma interpretação tradicional dos números publicados pelo Banco Central e pelo FMI e, podemos dizer, até errônea. O cálculo correto deve levar em conta que, de 1981 a 1992, a inflação americana acumulada atinge 80% – o efeito de 4,5% de inflação média por ano, mais os dois anos de inflação alta no início da década. Em conseqüência, os US$100 bilhões que o Brasil devia em 1982 são na realidade US$180 bilhões ao dólar de hoje corrigidos pela inflação americana. (Ver Gráficos 4, 5 e 6.)

**Gráfico 4    Dívida externa brasileira.
(Em bilhões de US$)**

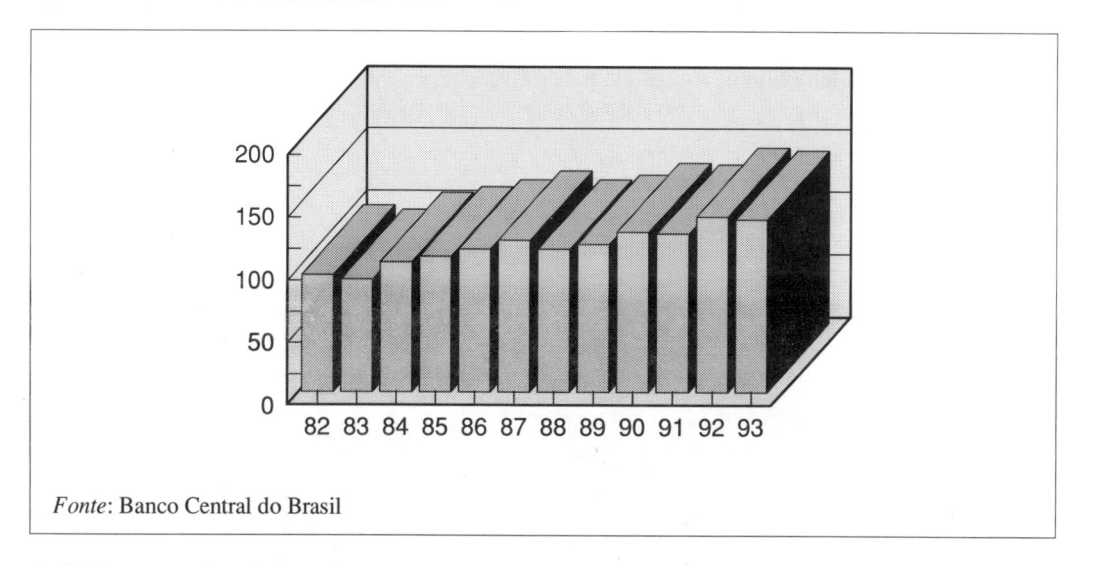

Fonte: Banco Central do Brasil

A dívida externa brasileira pelo seu valor nominal parece aumentar.

**Gráfico 5  Dívida brasileira corroída.
(Em bilhões de US$/dólares de 1993)**

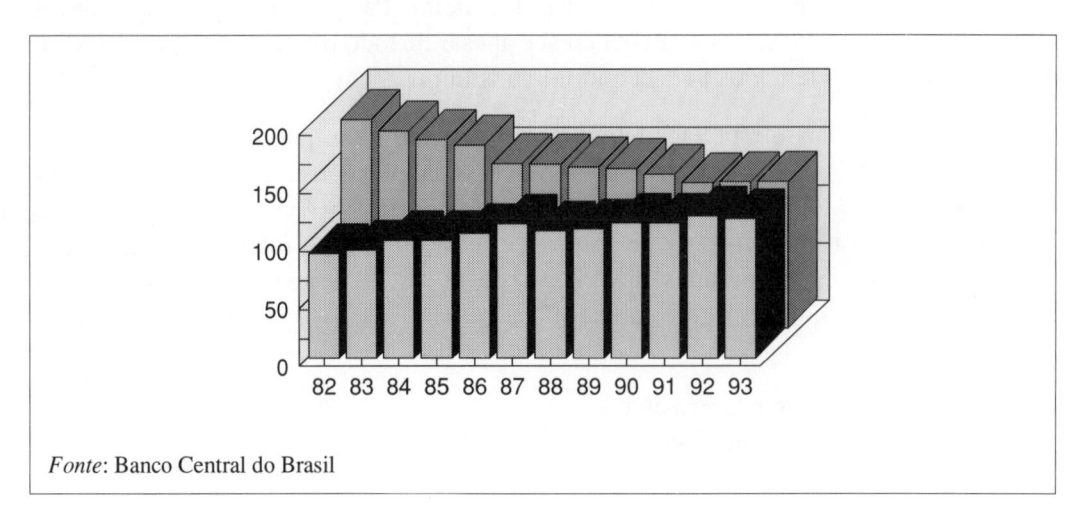

*Fonte*: Banco Central do Brasil

A dívida externa brasileira líquida é corroída pela inflação americana e cai 50% em dez anos.

**Gráfico 6  Dívida brasileira amortizada.
(Em bilhões de US$/dólares de 1993)**

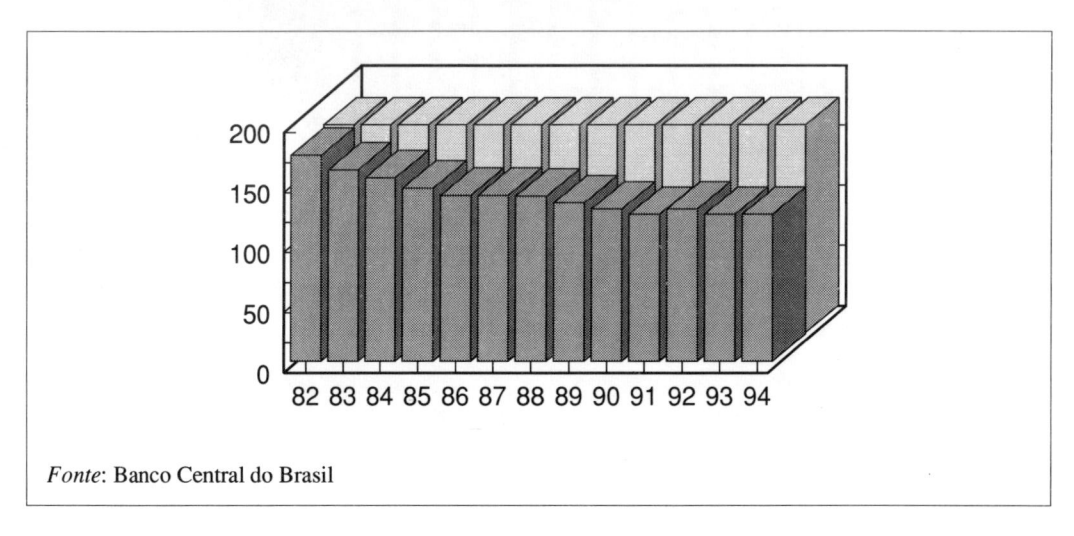

*Fonte*: Banco Central do Brasil

A dívida foi indiretamente amortizada no pagamento dos juros que embutem a inflação americana.

Se incluirmos a inflação americana do período, descobrimos que, na verdade, a dívida externa de 1982 sobe para US$180 bilhões. Hoje ela é calculada em US$130 bilhões e a queda é causada pela erosão inflacionária americana sobre nossa dívida. Como a dívida externa brasileira não é indexada, o efeito da inflação americana foi de uma erosão anual em torno de 4,5%. Num período de dez anos ela foi corroída em cerca de 40% do seu valor original.

Se considerarmos que o Brasil em menos de dez anos acumulou US$30 bilhões em reservas, a dívida líquida do País cai para praticamente 50% do que era. Esse mesmo resultado pode ser demonstrado de outra forma. Em 1982, nossa dívida externa líquida representava 56% do PIB brasileiro, hoje ela representa apenas 22% do PIB.

A maioria dos especialistas afirma que, ao longo destes dez anos, o Brasil não amortizou um tostão da dívida. E na interpretação do Banco Central teríamos até contraído dívidas adicionais. A resposta a essa contradição de números está no fato de a inflação ter corroído nossa dívida externa ao longo destes anos. O efeito foi lento, pequeno de um ano para outro, mas cumulativo e importante depois de 12 anos.

A conclusão que se tira deste raciocínio é que uma das principais razões pelas quais o Brasil parou de crescer em 1981 não existe mais. A questão da dívida externa já não preocupa mais. Qualquer banqueiro sabe que uma empresa que reduz sua dívida pela metade resolve seu problema por completo. O desafio hoje é mostrar ao povo brasileiro que a questão da dívida externa foi resolvida, por meio de uma bem montada campanha de marketing institucional. Depois é a vez de mostrarmos às velhinhas de Londres e aos acionistas e investidores do mundo todo que o problema foi solucionado.

Por que o Banco Central não faz esta conta relativamente simples, qual seja, abater da nossa dívida a depreciação da moeda americana? Porque todas as contas nacionais seguem os padrões estabelecidos pelo Fundo Monetário Internacional. Os economistas brasileiros têm uma relação muito estreita com o FMI; eles colaboram na elaboração de estatísticas que valorizam a padronização mundial das informações econômicas.

*O Brasil tem padrão de empresa de primeira linha,
pois pagou os juros e a metade de sua dívida*

Contudo, a distorção não é só dos técnicos do FMI. No Banco Central em Brasília há pessoas que concordam com essa sistemática por motivos bem diferentes, mas igualmente absurdos. Certa vez procurei o responsável pela publicação dos dados referentes à dívida externa brasileira e tentei convencê-lo a levar em consideração o efeito da inflação americana sobre nossa dívida, que fazia com que a cada ano devêssemos menos, e não mais como os levantamentos feitos pelo Banco Central davam a entender.

A resposta é que não se poderia fazer isso porque dessa forma o Brasil estaria demonstrando à comunidade financeira internacional que era capaz de pagar a sua dívida. Seguindo essa linha de raciocínio, os banqueiros provavelmente exigiriam cada vez mais e mais. Esse episódio ocorreu em 1986, durante um período de acumulação de reservas, e daí o receio de maiores exigências nos pagamentos da dívida.

A própria idéia de que negociávamos com banqueiros é equivocada. Os banqueiros são meros intermediários. O Brasil negociava, de fato, com as velhinhas de Londres e com os acionistas dos bancos, muitas vezes pessoas humildes, sem conhecimento técnico. Esses indivíduos possuem os recursos financeiros, mas não têm muito tempo para pensar no Brasil; o que eles querem é que a dívida diminua. No fundo, os banqueiros internacionais e o governo brasileiro tinham um inimigo em comum – o acionista do Banco e a velhinha de Londres.

Os banqueiros, como bons financistas, sabiam da erosão da dívida e mesmo assim não se manifestavam. É muito estranho que, durante mais de 12 anos de renegociação da dívida, nenhum banqueiro tenha colocado na mesa uma exigência de ressarcimento das perdas decorrentes da inflação americana. A razão é que os banqueiros sabem que a mesma inflação que corroeu nossa dívida está embutida na taxa de juros americana. A *libor*, como é chamada, sempre reflete as expectativas inflacionárias dos Estados Unidos. Quando a inflação americana é de 12% ao ano, o juro sobe para 15% ao ano.

O que significa que do ponto de vista semântico o correto não é dizer que a inflação americana corroeu nossa dívida e sim dizer que nós de fato, secretamente, pagamos uma parte dela, embutida na taxa de juros. Ou seja, o Brasil ao longo de 12 anos amortizou integralmente os juros reais e mais US$60 bilhões da dívida, indiretamente embutidos na taxa de juros. E, mesmo com a interrupção do pagamento dos juros durante um ano com a moratória, o Brasil salda US$60 bilhões de sua dívida. Isto é padrão de empresa de primeira linha. A empresa que paga juros, que salda metade de sua dívida, que tem um endividamento baixo, de 4% de seu patrimônio, é de primeira linha, e não caloteira.

*O Brasil não soube gerir sua imagem. Fomos incapazes de mostrar para o mundo que do ponto de vista financeiro éramos bons pagadores*

Esta é a grande tragédia nacional da década perdida. Nesse período fomos chamados caloteiros, maus pagadores, país de elevado risco, financeiramente desorganizados e assim por diante. Exatamente o contrário do que éramos. A incompetência que deve ser atribuída ao Brasil nesse período é a gestão de sua imagem financeira. Nós fomos incapazes de mostrar ao mundo que do ponto de vista financeiro éramos bons pagadores. E nesse ponto estamos acompanhados do Chile, Argentina, Indonésia e outros que também não tiveram a habilidade de mostrar isso ao mundo.

A outra razão pela qual o Brasil parou em 1981 foi o segundo choque do petróleo que elevou os preços do barril de US$12 para US$33, praticamente triplicando o seu preço. Atualizando os US$33, chegaríamos a US$55. Mas, 12 anos depois, o barril custa entre US$14 e US$16, praticamente um quarto do preço do que indicaria uma projeção dos valores pagos em 1981. O segundo choque do petróleo também acabou sendo corroído pela inflação e neutralizado em parte pelas inúmeras medidas de conservação de energia que o mundo inteiro passou a adotar. O preço do barril de petróleo em 1993, US$14, é equivalente ao preço real do barril de 1973, duas décadas atrás. (Ver Gráfico 7.)

**Gráfico 7    Preço do petróleo despenca.**

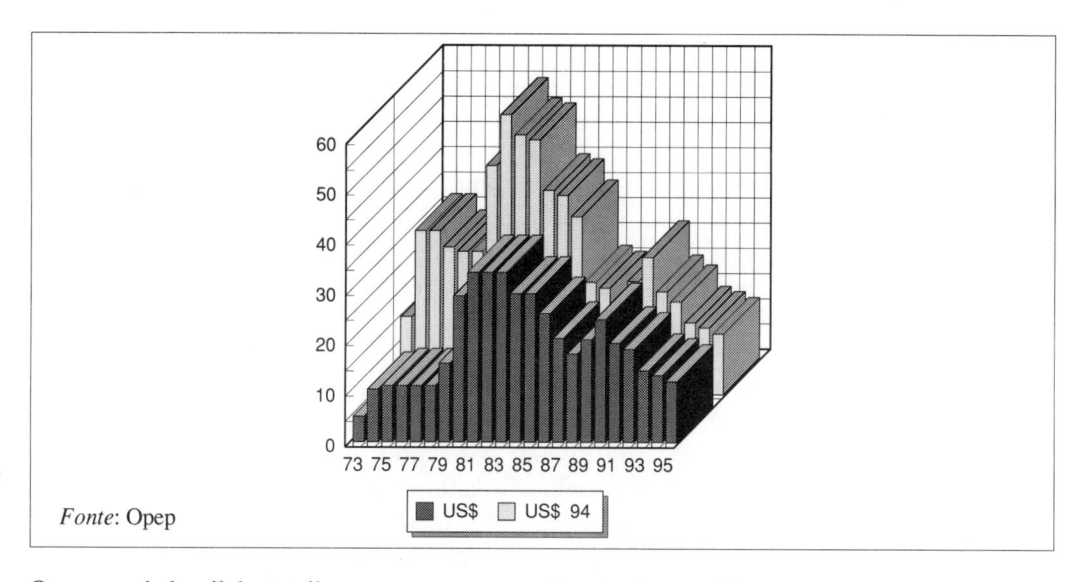

*Fonte*: Opep

Os preços do barril de petróleo caem a um quarto do seu valor em 10 anos.

Inúmeras coincidências mostram que o Brasil vive no início dos anos 90 uma série de situações idênticas às que antecederam o ciclo do milagre econômico ocorrido duas décadas atrás. Alguns aspectos e indicadores são até melhores do que no período de ouro da nossa economia, como analisaremos nos tópicos seguintes.

Essa queda de praticamente três quartos no preço do petróleo significa para o empresário brasileiro muito mais do que uma simples economia na sua frota de caminhões, no seu custo de entrega ou no seu custo de combustível. Essa redução equivale a cerca de 2% do PIB em termos de renda disponível para a população brasileira. O custo do petróleo é extremamente capilarizado, pois, embutido nos preços de todos os produtos, há um elevado componente do item energia. Assim, mesmo quem não ande de carro ou de ônibus também acaba pagando menos. A renda que fica disponível para a população atinge a fantástica cifra de cerca de US$80 bilhões.

Infelizmente a população não sente essa devolução do poder de compra porque o imposto árabe, como eram chamados os elevados aumentos no preço do petróleo, foi substituído ao longo dos anos pelos impostos de inflação e taxa de juros. A capitalização dessa renda acabará acontecendo assim que ocorrer a queda dos juros e a inflação for controlada em patamares aceitáveis.

*Nada faz um país crescer mais do que juros baratos. Nada estanca mais o crescimento de um país do que juros elevados*

A terceira razão pela qual o Brasil parou em 1981 está nos altos níveis da *libor*, que chegou a 21%. Na verdade esta era uma taxa falsa, já que representava o resultado do alto índice de inflação americano naquele ano, mais 4,5% de juros reais. Os americanos não utilizam a correção monetária, eles somam os índices, dando a impressão ao investidor de que o retorno é de 21% ao ano. Como se no Brasil a caderneta de poupança rendesse 30% ao mês, quando todos sabem que há mais de 25 anos esse investimento rende 0,5% ao mês. Para não retirar o seu capital, o máximo que o investidor pode sacar é 0,5% ao mês.

Nos Estados Unidos ocorria o mesmo. O banco pagava, na verdade, 4,5% de juros e devolvia ao investidor os outros 14% de inflação. O Brasil também estava pagando e amortizando 14% de sua dívida. No fundo, o País acabou amortizando antecipadamente a sua dívida externa por causa da inflação americana; dez anos depois, esses juros internacionais despencaram para 3%, recolocando o Brasil no cenário de 1970, quando tinha à sua disposição a poupança internacional a um juro extremamente benéfico ao crescimento do País. Nada faz um país crescer mais do que juros baratos.

Nada estanca mais o crescimento de um país do que juros elevados. Por isso os economistas costumam utilizar a política monetária para acelerar ou desacelerar a economia, o seu efeito é devastador. (Ver Gráfico 8.)

**Gráfico 8    Caem os juros internacionais.**

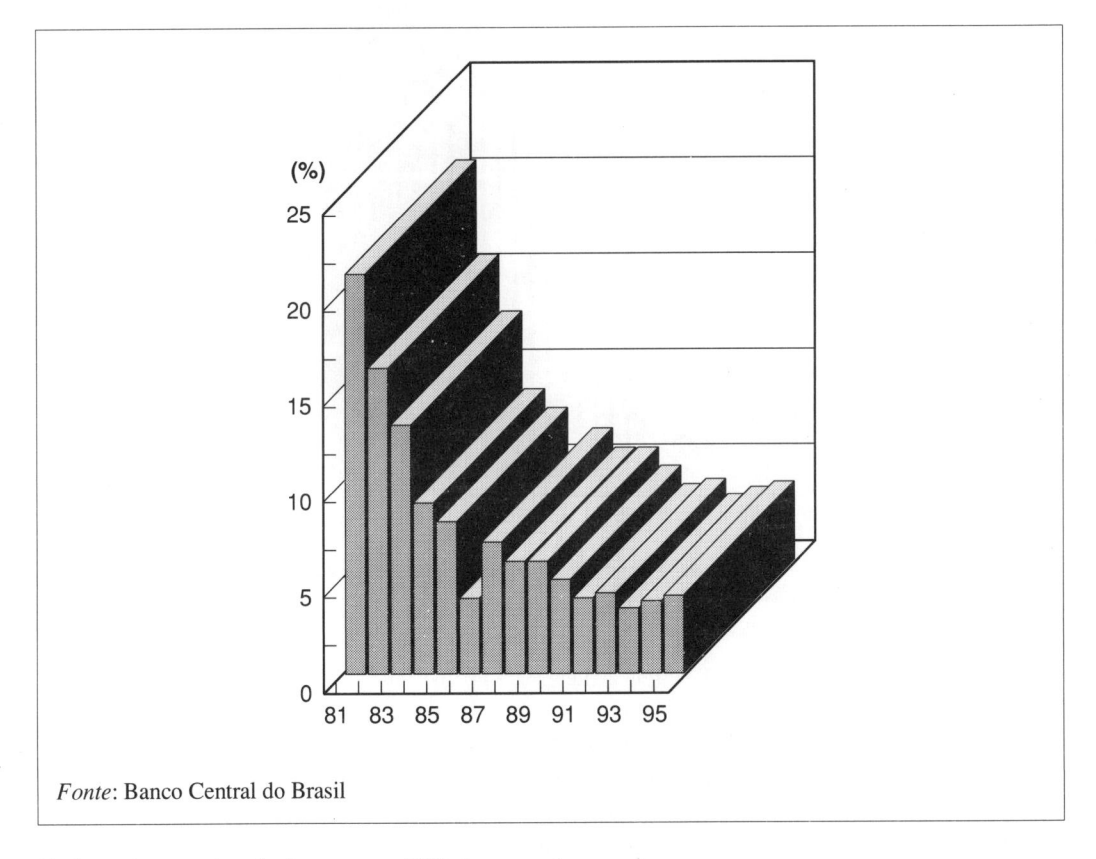

*Fonte*: Banco Central do Brasil

Os juros internacionais despencam 80% do seu valor em doze anos.

A outra boa notícia é que, ao longo destes dez anos, o Brasil acabou acumulando reservas internacionais. De reservas ao nível zero em 1981, ele passa a acumular reservas de US$30 bilhões no início dos anos 90, que significam cerca de 30% do total da dívida externa do País; números até exagerados em relação ao tamanho da nossa economia e da nossa dívida. Aliás aí ocorre um fenômeno interessante; a credibilidade financeira do Brasil não é adequada ao tamanho das nossas reservas. (Ver Gráfico 9.)

**Gráfico 9**   Reservas brasileiras recuperadas.
(Em bilhões de US$)

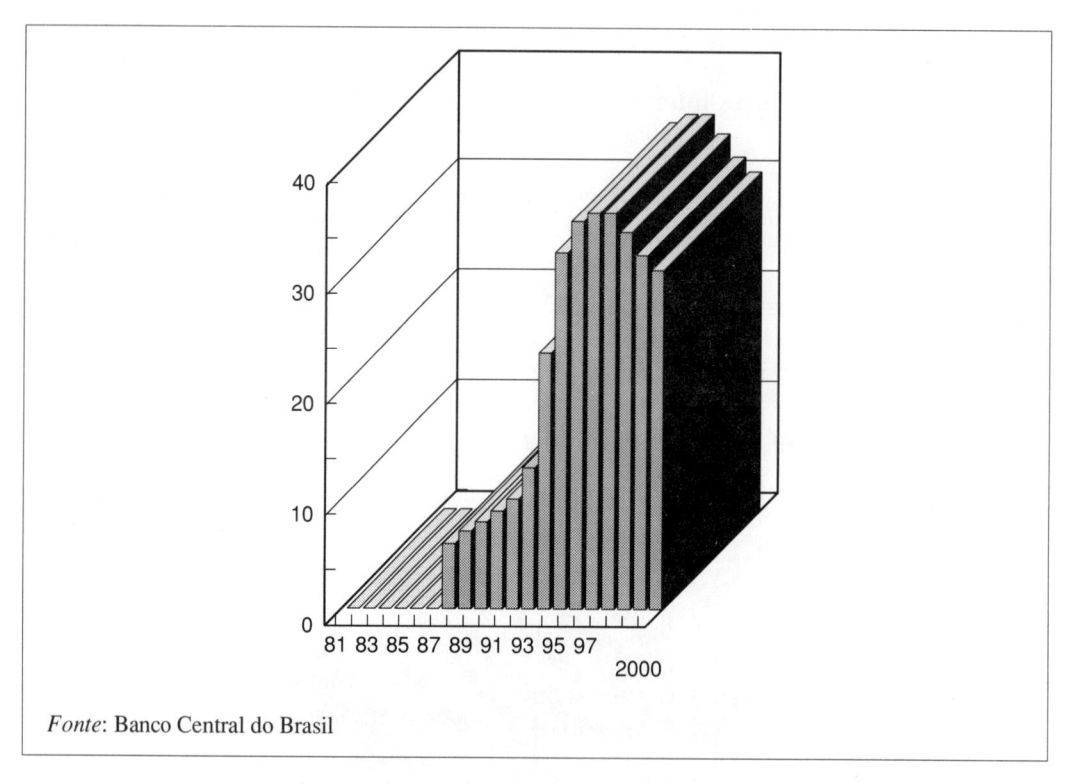

*Fonte*: Banco Central do Brasil

As reservas brasileiras chegam ao patamar de países de primeiro mundo.

O Brasil cortejou o FMI por muitos anos desnecessariamente. Se tivesse de cortejar alguém, seriam os analistas da Moody's e da Standard's & Poors empresas especializadas em avaliar créditos e bons negócios para potenciais investidores como fundos de pensão. A partir da década de 1990 essas empresas passam a ser fundamentais aos países interessados em atrair investimentos dos fundos de pensão, já que os bancos comerciais dificilmente voltarão a fazer empréstimos à moda antiga. Os bancos funcionarão como avalistas e fornecedores de garantias às operações de crédito feitas pelo Brasil lá fora, e não mais como emprestadores diretos.

Mesmo nas operações de crédito via emissão internacional de títulos cujos compradores são os fundos de pensão, quem aprecia preliminarmente o negócio são empresas como a Moody's e a Standard's & Poors, que dão notas de 1 a 10 aos responsáveis pela emissão. Quanto melhor essa avaliação, menor a taxa de juros que o tomador de recursos pagará. O país ou empresa que descuidar do seu relacionamento com essas duas companhias pagará um preço muito caro quando quiser financiamento externo. Eu diria até que todo esse esforço que tem sido feito para agradar ao FMI deveria ser canalizado para que se iniciasse um diálogo com essas duas empresas, que são as mais conceituadas no mercado financeiro internacional.

Outro aspecto importante que deve ser analisado é a questão do deságio da dívida externa brasileira. Em 1990, podia-se comprar lá fora um título do governo brasileiro por 24% do valor de face. Vários políticos e até economistas interpretaram esse dado com uma análise simplista de que, no fundo, o Brasil só estava devendo 24% do valor desse título porque este era o valor de mercado. O raciocínio acima contém um grave erro financeiro, pois o enorme deságio de 76% significava, na realidade, um brutal aumento da taxa de juros do governo brasileiro. O deságio é um reflexo do risco do Brasil percebido pelo mercado internacional. Quanto maior o risco, maior o deságio. (Ver Gráfico 10.)

**Gráfico 10    Deságio da dívida externa.**

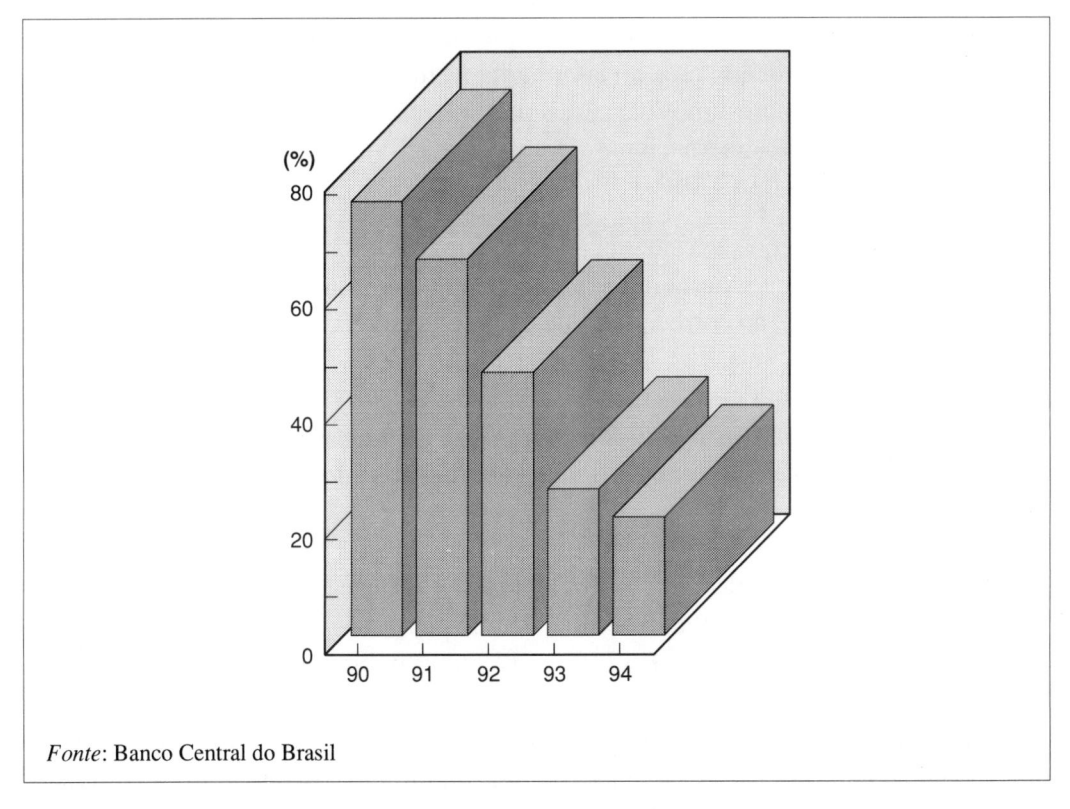

*Fonte*: Banco Central do Brasil

O Brasil recupera credibilidade internacional com a redução do deságio sobre os títulos de sua dívida externa.

É função de todo governo tentar reduzir ao máximo a taxa de juros para o país. Aliás o governo deveria esforçar-se para vender os títulos com ágio. O sonho do presidente do Banco Central deveria ser o de ver os nossos títulos serem comercializados com um ágio de 10%; um título emitido por 100 estaria valendo 110. A partir do desastre de 1990 acompanhamos, ano após ano, a queda do deságio dos títulos brasileiros e, em conseqüência, a diminuição do risco em relação ao Brasil. E assim estaremos abrindo as portas novamente para os juros baratos. O trágico é que o País sofreu esse deságio injustamente, já que sempre foi um bom pagador da dívida externa.

Vimos até agora que o Brasil foi um dos países que mais cresceu no mundo nas décadas de 1960 e 1970. Mostramos que sabemos crescer, ao contrário do Leste Europeu que não tem a cultura empresarial da gerência, não tem executivos, não tem sistemas contábeis nem administrativos necessários ao crescimento. O Brasil tem tudo isso. Precisamos desenferrujar nossas técnicas de crescimento.

Em 1981, ressalto isto novamente, paramos de crescer não porque nossa economia estivesse em frangalhos ou com problemas estruturais insolúveis, mas em decorrência de um pequeno erro do sistema bancário norte-americano de não corrigir monetariamente os empréstimos bancários pela inflação americana. Este erro interrompeu o fluxo de crédito internacional de cerca de US$15 bilhões ao ano canalizado durante toda a década de 1970.

Dez anos depois, já no início da década de 1990, mesmo não tendo sido resolvida a questão, é a própria inflação americana que soluciona o problema número um que parou o Brasil, ao corroer a dívida externa brasileira.

**Na prática as empresas brasileiras investiram no pagamento de suas dívidas. Hoje estão entre as menos endividadas do mundo**

Por causa dos elevados juros praticados no década de 1980, as empresas brasileiras utilizaram todo o fluxo de caixa gerado pelas suas operações para saldar suas dívidas. Se por um lado isso levou a uma redução brutal do endividamento das empresas, por outro, elas foram acusadas de abandonar investimentos produtivos geradores de empregos. Essa afirmação não é verdadeira, pois na prática as empresas investiram na redução de suas dívidas. Ao fazê-lo, mesmo que não tivessem ampliado a oferta de emprego e aumentado de tamanho, as organizações realizaram o melhor investimento possível, já que se livraram do compromisso de pagar um juro anual de

You can calculate the savings but not the benefits.

Subscribe to The Economist and save up to 55%.
Includes FREE access to The Economist Web Edition and Archive at www.economist.com

20% ao ano. São poucas as empresas que têm um retorno de investimento de 20% ao ano com risco zero. Reduzir uma dívida não envolve risco algum, contudo na abertura de uma planta ou nos investimentos produtivos há sempre um risco de fracasso embutido.

O processo esgota-se em 1991 e 1992 porque as empresas brasileiras não tinham mais dívida para saldar e a alternativa foi redirecionar o investimento aos seus próprios negócios. Claro que algumas organizações optam pela aplicação de seus recursos no mercado financeiro, mas isso não é feito nos níveis elevados que a opinião pública imagina. Os números mostram isso claramente. A empresa média brasileira investe 10% dos seus ativos no mercado financeiro. Os outros 90% estão investidos em ativos fixos, estoques, produção, equipamentos e outros. Não é verdade dizer que nossas empresas obtêm a maior parte de sua rentabilidade do mercado financeiro.

Ao contrário do que se imagina, as empresas brasileiras estão hoje entre as menos endividadas do mundo. Para cada dólar de patrimônio – neste caso a moeda americana é tomada apenas como referência – a empresa brasileira deve 50 cents. A alavancagem da empresa americana é bem maior, para cada dólar de patrimônio ela tem US$2,50 de dívida. Um dos segredos do milagre japonês é que as companhias japonesas sempre *exploraram* as velhinhas de Tóquio e o modelo se sustenta numa alta relação de endividamento; cada iene de patrimônio corresponde a 3 ienes de dívida. Um dinheiro ainda mais barato, pois o juro real no Japão é de 2% ao ano, e aplicado nas empresas recebe uma taxa de retorno de 12% a 14% ano. (Ver Gráfico 11.)

Durante a década perdida o executivo brasileiro foge de dívidas como o diabo foge da cruz; o resultado são empresas com uma forte base de capital, preparadas para sustentar um novo e acelerado surto de crescimento. A empresa brasileira tem, apesar dos prejuízos e apesar da recessão, a saúde financeira necessária para levar o País a uma nova rota acelerada de crescimento. Esse cenário não pode ser visto com a mesma clareza na Argentina nem no México. Poucas companhias brasileiras quebraram ou pediram concordata nos anos 90, 91 e 92, justamente por estarem capitalizadas para enfrentar o período mais difícil da história da economia brasileira.

**Gráfico 11   Dívidas sobre o patrimônio das empresas.**

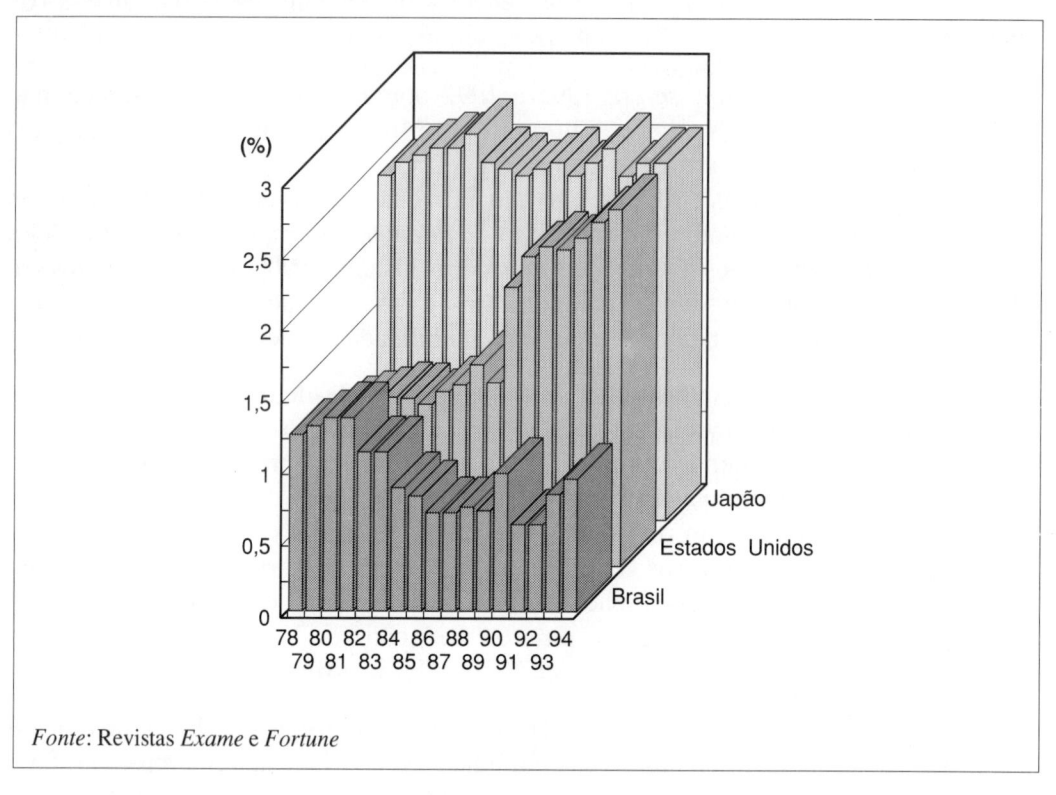

*Fonte*: Revistas *Exame* e *Fortune*

Empresas brasileiras estão entre as menos endividadas do mundo.

Este fator é muito importante do ponto de vista de crescimento econômico e nos leva à conclusão de que as empresas brasileiras vão iniciar um novo ciclo de endividamento muito semelhante ao da década de 1970. A nova fase de endividamento, estimulada pela oferta de crédito no mercado internacional a juros de 3% ao ano, acelerará a retomada de produção no Brasil. Até o ano 2000 a relação dívida/patrimônio das empresas brasileiras deverá aumentar 2,5 vezes, isto é, 2,5 reais de dívida para cada 1 real de patrimônio líquido, a mesma relação das empresas americanas. Ou seja, a empresa brasileira tem a estrutura financeira para acumular, a juros compatíveis, quatro a cinco vezes mais dívidas do que atualmente. Isso significa um enorme potencial de crescimento. Com a retomada dos empréstimos externos, os juros médios da economia brasileira deverão cair, graças ao influxo do dinheiro barato.

Os 50 maiores bancos do mundo emprestam somente 0,6% dos seus portfolios para o Brasil, o que é extremamente desproporcional à importância do País no cenário econômico internacional. O PIB brasileiro participa com cerca de 2,8% do PIB mundial; esta seria uma relação justa na destinação de recursos ao País. Deveríamos estar recebendo 2,8% do capital estrangeiro que é investido mundo afora, assim como deveríamos estar recebendo 2,8% dos empréstimos feitos por bancos internacionais.

O perigo é que a sociedade brasileira, os políticos e os economistas vejam esse novo surto de endividamento com os mesmos olhares preconceituosos do passado. A opinião pública brasileira é contrária à dívida externa por considerá-la, erroneamente, o principal obstáculo a uma economia em crescimento; esquece que os juros do capital internacional são muito mais baixos que o do mercado financeiro brasileiro. (Ver Gráfico 12.)

**Gráfico 12   Novo ciclo de endividamento (dívidas sobre o patrimônio).**

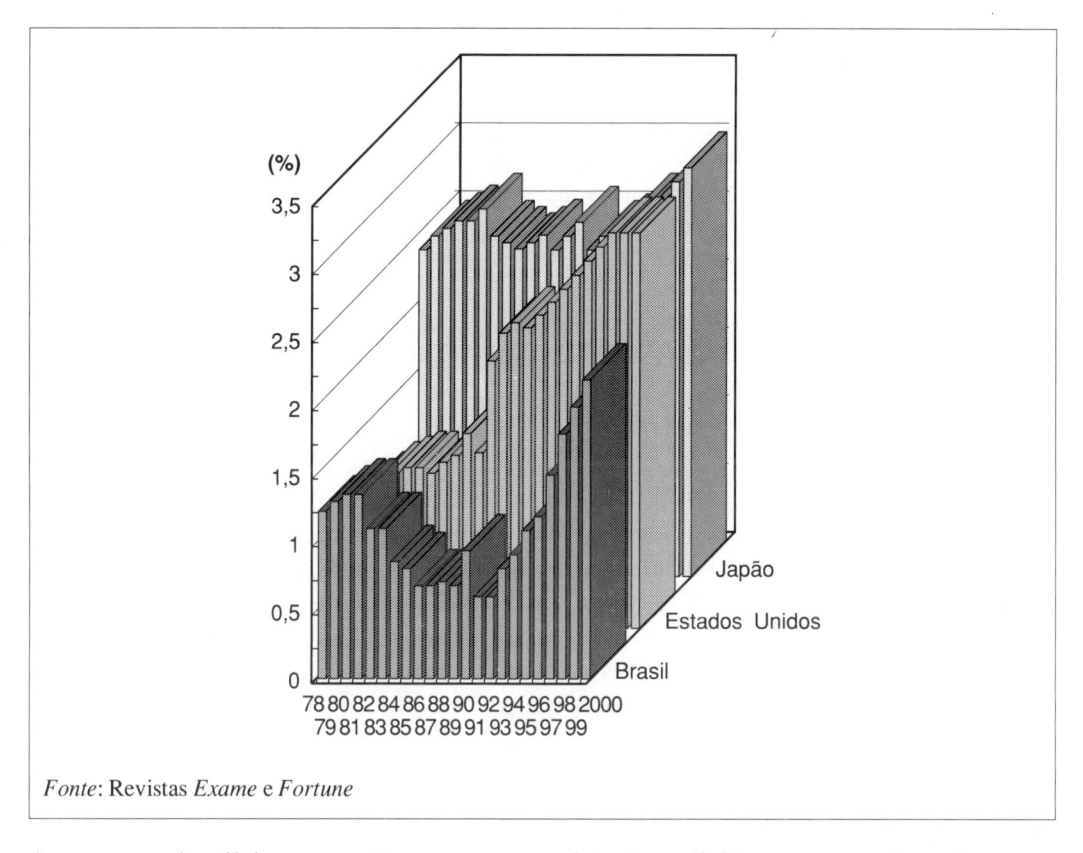

*Fonte*: Revistas *Exame* e *Fortune*

As empresas brasileiras passarão por um novo ciclo de endividamento para financiar o seu crecimento.

Durante anos, a dívida foi considerada o principal motivo da nossa estagnação. Várias campanhas eleitorais com promessas de políticos de renegociar ou até suspender o pagamento da dívida externa foram realizadas. Não será fácil convencer toda uma geração de que a causa da nossa estagnação econômica foi justamente o contrário – a falta de financiamento ou a falta de dívidas baratas. O risco da desinformação continua, já que alguns comentaristas alertam para o aumento da dívida brasileira com a emissão de bônus no exterior como se isso fosse ruim.

Os banqueiros internacionais, como vimos, não foram santos no episódio da *crise* da dívida externa. Mas não podemos esquecer que foram os bancos internacionais que sempre emprestaram ao País com juros menores que os bancos nacionais. Aliás para os bancos brasileiros a *crise* da dívida acabou tirando do mercado muitos concorrentes que emprestavam a juros bem menores.

Os banqueiros internacionais são mais competitivos porque o capital é mais barato e abundante nos países desenvolvidos do que nos países emergentes. Banqueiros brasileiros captam o dinheiro mais caro porque o capital é escasso.

Políticos e opinião pública precisam discutir mais amplamente esse ângulo da questão para que não se coloquem barreiras ao ingresso de empréstimos externos que poderão financiar o novo ciclo de crescimento do País. O que se deve exigir do governo é o fim de empréstimos a juros flutuantes e em aberto. As operações internacionais devem ter critérios mais definidos para avaliar o risco em relação ao Brasil e corrigir os erros cometidos no passado.

O capital estrangeiro também voltará a se interessar pelo Brasil, desde que consiga um retorno compatível ao mercado internacional. É normal que esse capital estrangeiro seja acompanhado de algumas restrições, como a definição de que tipo de produto será fabricado em cada país, para onde esse produto poderá ser exportado respeitando mercados cativos já existentes. As multinacionais desenham um mapa comercial próprio que muitas vezes não tem nada a ver com os interesses brasileiros. As subsidiárias dessas empresas no País normalmente preferem contratar auditorias americanas ou suas associadas e entregam suas contas publicitárias às mesmas agências que atendem às suas matrizes. São condicionalidades que acompanham a instalação de multinacionais em um país. Até mesmo a escolha do produto que é fabricado está ligada ao planejamento global da empresa, como o carro mundial, nem sempre adequado às condições locais onde essa multinacional opera.

## Os empréstimos bancários não impõem as mesmas condições que o capital investido pelas empresas multinacionais

O País poderá precisar das multinacionais por causa da tecnologia que elas detêm, da qual jamais teremos acesso, mesmo pagando royalties, e não por causa do capital que trazem ao País. Um empresário brasileiro com o mesmo capital de uma empresa estrangeira não estaria gerando o mesmo número de empregos? Os empréstimos bancários não impõem as mesmas condições que o capital investido pelas empresas multinacionais; no máximo esses empréstimos pressupõem um contrato rígido quanto a prazos, taxa de juros, data de pagamento e algumas salvaguardas em relação ao mau uso do crédito. Mas em nada essa operação limitará o empresário na operação diária de sua fábrica.

Por isso, mais uma vez, afirmo que empréstimos estrangeiros são muito mais vantajosos do que capital estrangeiro. Um estudo encomendado pela Federação das Indústrias do Estado de São Paulo – FIESP –, na década de 1980, mostrava que era melhor o País aceitar capital estrangeiro do que empréstimos. A conclusão equivocada baseava-se em dois erros técnicos: a pesquisa não deduziu o efeito da inflação americana na dívida e comparava os 7% de juros nominais com o retorno das empresas. Na verdade o custo dos empréstimos eram os 7% de juros menos o efeito benéfico, nesse caso, da inflação americana sobre a dívida brasileira, algo próximo a 3%.

O segundo erro era comparar os juros pagos com os dividendos remetidos pelas empresas. Apesar de ter um retorno médio de 20% ao ano, a empresa estrangeira instalada no Brasil remete à matriz apenas uma parcela desse valor, normalmente 25%, o que daria um dividendo médio de 4,5%. Só que a cada ano os dividendos serão calculados sobre uma base maior, já que o que não é enviado para fora é reinvestido no País. No ano seguinte, os dividendos serão calculados sobre o capital inicial mais o capital reinvestido e assim sucessivamente. Se transferirmos esses valores a uma curva em um gráfico, teremos uma progressão geométrica na remessa dos 4,5% ao ano, já que eles sempre incidirão sobre uma base maior. No caso dos juros pagos sobre empréstimos bancários, a curva será linear, porque eles vão sendo corroídos pela inflação americana.

Essa pesquisa teve muita repercussão e deixou no ar uma impressão errônea de que o capital estrangeiro era muito mais barato que os empréstimos externos. Isso contraria inclusive a teoria econômica, pela qual capitais de risco demandam um retorno superior a capitais sem risco como os empréstimos. Quem toma dinheiro de um Banco tem uma única obrigação, que é devolvê-lo. Com o capital estrangeiro as obrigações são maiores, já que as empresas vêm ao Brasil para ficar. Por outro lado, os bancos que obrigam todos os clientes a saldar o total de suas dívidas quebram por falta de clientes.

### Com o fim da inflação o mundo passará a ver o Brasil com outros olhos

O vilão da *década perdida* é a dívida externa. Há livros escritos pregando o *não* ao endividamento externo que custava apenas 3% de juros ao ano. A esquerda brasileira tem uma certa dificuldade em fazer a distinção entre o investimento de multinacionais no Brasil e os empréstimos bancários que vinham de fora com menos restrições. Este último poderia até combater o capital estrangeiro e gerar empregos no Brasil, financiando empresas nacionais.

Com o fim da inflação o mundo passará a ver o Brasil com outros olhos. É inadmissível para a velhinha de Londres e para o investidor de Nova Iorque a convivência com uma inflação de 40% ao mês. Isso os fez lembrar o caos da economia alemã no período anterior à II Guerra Mundial. Eles não entendem sequer o mecanismo da correção monetária que permite a convivência com a inflação sem destruir totalmente nossa economia. O que não se consegue é conviver com uma economia estagnada, que não cresce.

O Brasil precisa buscar índices de inflação aceitáveis internacionalmente – entre 8% e 12% ao ano – com uma certa urgência, porque será necessário, no mínimo, um período de 18 meses para que os resultados medidos anualmente apareçam nas estatísticas de organismos como o FMI. As estatísticas econômicas internacionais são coletadas em bases gregorianas. Se a inflação brasileira cair no segundo semestre, não será suficiente para compensar os altos índices registrados nos primeiros meses de 1994. Do ponto de vista estatístico, os números da inflação brasileira para o ano de 1994 continuarão elevados. Somente quando se registrar uma inflação baixa durante 12 meses seguidos é que os organismos de coleta de estatísticas internacionais terão detectado a queda na inflação brasileira.

### Comparar o Brasil sem inflação com Argentina, Chile e Venezuela é até covardia

Na hipótese de o controle da inflação ocorrer a partir do segundo semestre de 1994, apenas em março de 1996 esses números aparecerão nos relatórios do FMI e do Banco Mundial. Somente a partir daí o pequeno acionista dos bancos americanos ou o pequeno investidor de Londres ficarão sabendo que a inflação brasileira caiu; começará finalmente o grande surto de investimento estrangeiro no País. Comparar este país sem inflação com Argentina, Chile e Venezuela é até covardia. Não há o que comparar. Somente o México deixará dúvidas na cabeça do investidor internacional.

Se, na década de 1970, entravam US$15 bilhões todos os anos, é razoável prever que com o fim da inflação, na década de 1990, serão introduzidos no País

US$30 bilhões por ano. Não se trata de uma previsão exagerada se colocada no novo contexto de globalização da economia. Estimo que de 1995 a 2005 entrarão US$36 bilhões anualmente.

     Somente não virão mais recursos internacionais para o Brasil porque a economia brasileira não comporta, não consegue adaptar-se com a rapidez necessária. Não estaríamos preparados para administrar esse volume de dinheiro como talvez não estivéssemos preparados para os generosos recursos do primeiro ciclo de dívida externa. O Brasil não estava gerencialmente aparelhado para administrar o volume de dinheiro que entrou na década de 1970, embora tecnicamente a economia tivesse condições de absorver aquele montante de dinheiro.

     Os técnicos no governo e mesmo a opinião pública não trabalham com os cenários de crescimento elevado sugeridos neste livro. Planos para situações mais otimistas ainda não foram feitos, e isso poderá nos custar um crescimento menor. Em conseqüência, poderão surgir alguns gargalos como a falta de produtos em alguns setores; a abertura da economia poderá suprir essas carências momentâneas com importações. Contudo permanecem dificuldades como a energia elétrica impossível de importar e que, certamente em alguns momentos, terá deficiências de suprimento. Seguramente o governo brasileiro e as empresas terão de realizar enormes esforços de conservação de energia e altos investimentos nessa área, que já foram feitos no mundo inteiro.

***O crescimento que começou em 1993 foi considerado uma bolha passageira de consumo. Agora cresce o sentimento de que o Brasil voltou a crescer***

     Sempre que se toca no tema da falta de energia elétrica, o brasileiro assusta-se porque sabe que uma hidrelétrica leva dez anos para ficar pronta. Na verdade este não é o único caminho, existem outras fontes de energia como a termelétrica, que necessita basicamente de uma turbina que pode ser importada, em menos de seis meses, e posta em funcionamento num prazo de 18 meses. O cenário de falta de energia não deve assustar ninguém. É possível contornar essa dificuldade, pagando um preço talvez maior do que se tivéssemos previsto a tempo o problema.

     Não nos preocupamos com investimentos na área de energia e em outros setores, porque o clima reinante era de pessimismo exagerado. Não se assinalava a deterioração da dívida externa, nem se via que as empresas brasileiras se preparavam para a retomada de crescimento. Só recentemente é que o sentimento de que o Brasil estaria crescendo novamente, de forma sustentável, começou a ser aceito por alguns especialistas. Inicialmente, o crescimento registrado em 1993 chegou a ser visto como uma bolha passageira de consumo.

Existe tanto capital disponível no mundo, volto a dizer, que chegam a faltar oportunidades de investimentos para dar vazão a toda essa oferta que vem de fundos de pensão, companhias de seguros e entidades geradoras intensivas de poupança.

Os fundos de pensão americanos estão em pânico, pois têm necessidades atuariais de retorno de 6% sobre os seus investimentos a cada ano, para fazer frente aos seus compromissos previdenciários. Com as taxas de juros nos Estados Unidos em torno de 3% ao ano, eles são obrigados a buscar investimentos mais rentáveis, mesmo que isso implique assumir riscos maiores na aplicação de seu capital. Esta é uma tendência crescente, já que a maior expectativa de vida da população dos países ricos gera maior necessidade de recursos para os fundos de pensão. (Ver Gráficos 13 e 14.)

**Gráfico 13** Voltam os investimentos externos (Investimentos e Empréstimos em US$). (Em bilhões de US$)

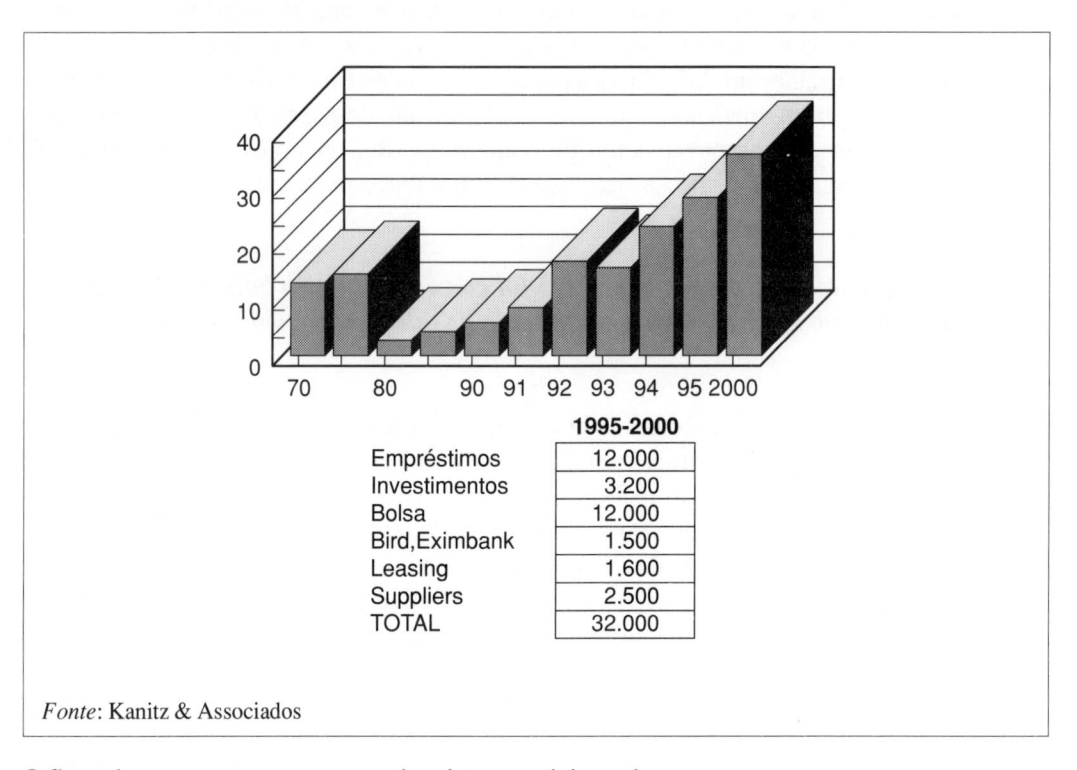

| | 1995-2000 |
|---|---|
| Empréstimos | 12.000 |
| Investimentos | 3.200 |
| Bolsa | 12.000 |
| Bird,Eximbank | 1.500 |
| Leasing | 1.600 |
| Suppliers | 2.500 |
| TOTAL | 32.000 |

*Fonte*: Kanitz & Associados

O fluxo de recursos externos crescerá muito nos próximos dez anos.

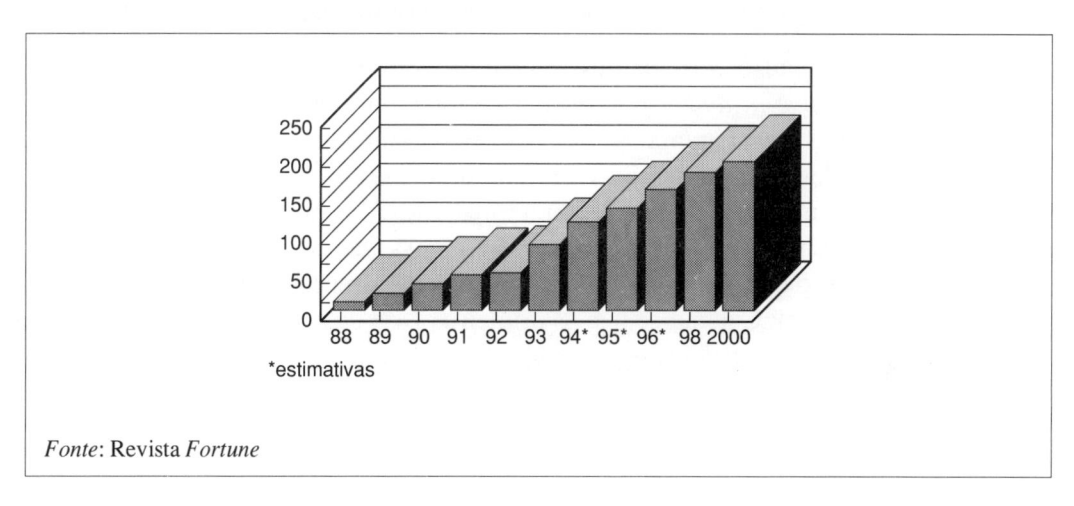

**Gráfico 14    Fundos de pensão em busca de investimentos atrativos.
(Em bilhões de US$)**

[Gráfico de barras mostrando valores crescentes de 88 a 2000, com eixo vertical de 0 a 250. *estimativas]

*Fonte*: Revista *Fortune*

Fundos de pensão americanos deverão investir US$ 180 bilhões por ano no exterior.

   Empresas como a General Motors, por volta do ano 2000, terão mais funcionários aposentados do que trabalhando. Conseqüentemente, o influxo de contribuições previdenciárias dos funcionários da GM será menor do que os gastos com os aposentados da fábrica. O primeiro resultado visível dessa busca de investimentos mais lucrativos é a explosão da Bolsa de Valores de São Paulo em 1994, causada pela entrada maciça de recursos dos fundos de pensão estrangeiros. Mesmo num ambiente desfavorável, com uma taxa de inflação de 40% ao mês, o Brasil atraía investimentos que precisavam de altos retornos.

   Existem mais ou menos 80 mil fundos de pensão no mundo inteiro. O maior fundo de pensão americano, o TIAA – Teachers Insurance Annuity Association –, que reúne professores e intelectuais e conta com 1,6 milhão de participantes, tem um portfolio de US$100 bilhões.

   Por isso que, apesar da nossa falta de credibilidade e dos erros de marketing financeiro do passado, nós vamos conseguir a volta do dinheiro estrangeiro. Pode-se até dizer que esses créditos pressionam a sua entrada no Brasil, já que o País nunca utilizou o recurso de uma propaganda institucional perante os investidores institucionais, para mostrar onde esses US$150 bilhões foram aplicados. Desse total o Brasil deveria ter gasto algo em torno de 0,1% em publicidade, simplesmente para tranqüilizar dezenas de investidores que acreditaram no nosso País. Isso teria reduzido as taxas de risco e de *spread*, sensivelmente. Os dois maiores bancos brasileiros, Bradesco e Itaú, gastam proporcionalmente quantias muito maiores em propaganda para atrair clientes.

Outro dado auspicioso da nossa economia veio com a introdução de técnicas modernas como o *just-in-time* e o *kanban*, que reduziram os custos de produção nas empresas brasileiras e acabaram com os estoques intermediários na linha de produção. É comum existir dentro das fábricas, entre um turno e outro, um enorme espaço vazio antes ocupado por uma pilha de estoques intermediários. Ao reagrupar novamente o seu maquinário, eliminando os espaços vazios, as empresas descobrem que possuem uma fábrica inteira dentro da fábrica. Para voltar a crescer elas necessitarão de muito pouco investimento adicional. Calcula-se que os primeiros 18% de crescimento no período de retomada da economia brasileira serão conseguidos a baixos custos, já que as empresas não precisarão comprar terrenos nem galpões, apenas os equipamentos necessários para a produção.

**Quando a economia voltar a crescer, a rentabilidade das empresas será superior à registrada nos anos 70**

Se a crise foi perversa de um lado, de outro, ensinou muito as empresas brasileiras. O enxugamento administrativo com a redução de escalões desnecessários no seu corpo de executivos e a racionalização do processo produtivo trouxeram ganhos de produtividade. A nossa cultura empresarial, essencialmente familiar e portanto paternalista, não via com bons olhos a demissão de funcionários com 40 anos de casa que, no fundo, nem eram mais produtivos, mas por questões familiares eram mantidos. A recessão de 1990 a 1992 foi tão brutal que acabou destruindo esse paternalismo. De dois a três níveis hierárquicos foram extirpados e com isso as empresas brasileiras estão com margens brutas de lucros muito boas, bem acima da média mundial.

O lucro marginal que indica a margem em um único bem, diferente da média de lucro da empresa, está recuperado. Por exemplo, num vôo regular, já preenchida a taxa de ocupação que cobre os custos daquela viagem, qualquer passageiro adicional será lucro puro, com exceção do cafezinho e do almoço servido a bordo. Isto é o que se chama margem de contribuição – nas empresas brasileiras ela é de 30%, bem acima da média internacional que está entre 18% e 25%.

As nossas empresas serão super-rentáveis em 1995 e 1996. Como é tradição na empresa brasileira reinvestir 80% do seu lucro, quando a nossa economia voltar a crescer, essa alta rentabilidade será canalizada em investimentos na produção e desenvolvimento.

Reinvestir o lucro foi a única fonte de recursos que restou à empresa brasileira depois dos sucessivos cortes de financiamento disponíveis. Com a moratória da dívida externa de 1986 são eliminadas as últimas possibilidades de conseguir financiamentos externos. Internamente os juros sobem e inviabilizam também essa fonte de crédito. Toda a poupança nacional passa a ser carreada ao governo brasileiro para suprir as suas necessidades de financiar o déficit público. O efeito dos juros elevados no mercado interno atinge as bolsas de valores que iniciam um lento e inexorável declínio nas suas cotações, desestimulando as empresas a utilizar o recurso de abertura de capital como forma de obter fontes ao seu desenvolvimento.

Sendo assim, dos quatro meios de financiamento – empréstimos externos, crédito interno, abertura de capital e reinvestimento de lucro –, restou somente o último como fonte de recursos. Com o desastre do Plano Collor, em 1991, quando 52% das empresas brasileiras tiveram prejuízo, acaba também a possibilidade de contar com os lucros como fonte de financiamento. A partir daí entramos na pior recessão da história do País, e seguem-se três anos de estagnação total. Com a retomada da rentabilidade da empresa brasileira, em 1993, ressurge o reinvestimento de lucros como opção de recursos financeiros para as empresas.

## *Os bancos deixam de ser caçadores de inflação e voltam às atividades tradicionais como os empréstimos bancários*

A Bolsa começa a reagir e abre-se a segunda possibilidade com a capitalização pela venda de ações. O controle da inflação traz como resultado positivo a queda das taxas de juros e incrementa a utilização do financiamento interno que estimula o uso do crédito direto ao consumidor e o desconto de duplicatas – operações bancárias típicas da década de 1970, antes que os bancos se tornassem caçadores de inflação em vez de emprestadores de dinheiro. E, finalmente, com o controle das taxas de inflação e a volta do clima de euforia nas Bolsas, teremos o retorno maciço dos empréstimos externos ao Brasil. Recuperaremos as quatro fontes de financiamento das empresas; o crescimento se consolida e se auto-sustenta.

Teremos então de volta um Brasil que oferece novamente perspectivas. A reativação do ritmo dos negócios de forma previsível e constante trará um novo impulso à economia brasileira. Será comparável ao clima de euforia do milagre econômico dos anos 60 e 70, porém estabelecido de maneira mais sólida. Temos hoje um país mais amadurecido, um governo descentralizado, uma nova geração formada em administração, mais bem preparada, e, finalmente, aprendemos com os erros do passado.

Uma mudança importante nesse novo ciclo de crescimento é que as margens de lucro, tradicionalmente altas na economia brasileira, tenderão a cair a longo prazo por causa da maior competitividade. Até o ano 2000 essa margem de 30% terá caído para algo em torno de 20% a 25%. Entretanto, num primeiro momento de crescimento, a empresa brasileira terá uma boa margem de lucro, diferente do que acontece na Argentina, na Venezuela e em outras economias vizinhas.

A boa notícia no desempenho das empresas brasileiras vem no ano de 1993, com a volta dos lucros nos balanços. Nos três anos anteriores, pela primeira vez na história econômica do País, a rentabilidade média havia sido negativa. O lucro de 9% ainda é baixo se comparado à média histórica de 14%.

A margem dos lucros, ou seja, a relação dos lucros sobre as vendas, também retoma níveis mais animadores em torno de 2,5% sobre as vendas. Este é um dado pouco lembrado quando se analisa o desempenho de uma empresa. A cada 100 reais que a empresa vende ela lucra 2,5 reais, uma taxa baixa, mas de acordo com a tendência do mercado mundial que é a de reduzir as taxas unitárias de lucro por produto. As empresas diminuem cada vez mais o lucro por unidade vendida, contudo compensam com a produção em massa, o que garante lucros globais maiores. O segredo é cobrar pouco e vender muito garantindo um bom retorno sobre o capital investido. Em 1993 e 1994 as margens de lucro aumentam para 3,5%, mas dificilmente voltarão aos 4% de rentabilidade média das décadas de 1970 e 1980, já que hoje a competitividade a que é submetida a empresa brasileira é bem maior. (Ver Gráfico 15.)

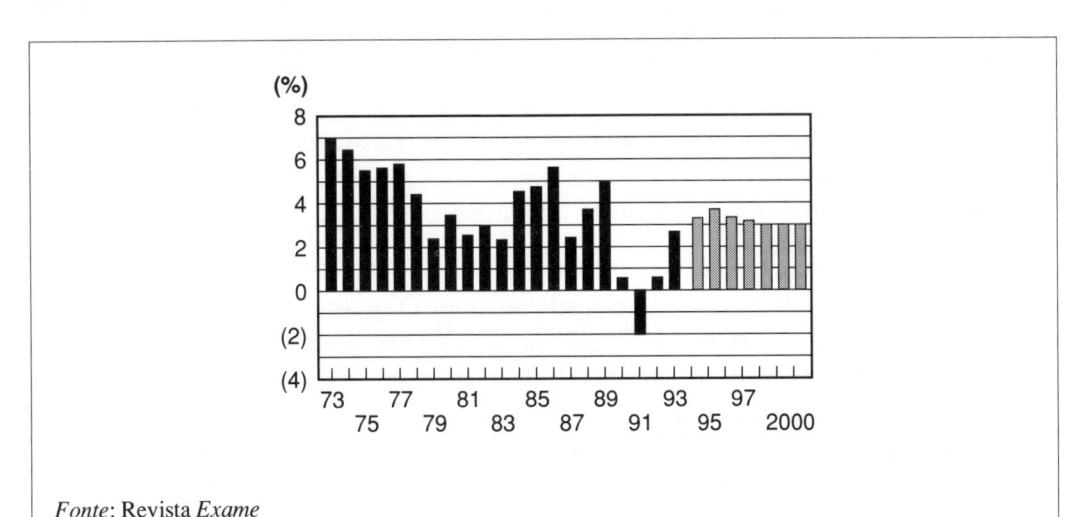

**Gráfico 15  Projeção da margem de lucros (lucros sobre vendas em %).**

*Fonte*: Revista *Exame*

Margens de lucro das empresas recuperam-se a partir de 1993.

A recessão de 1990 e 1991 no Brasil foi mais profunda do que a famosa recessão do início da década de 1930, nos Estados Unidos. Somente 30% das empresas americanas tiveram prejuízo em 1933 – conseqüência da crise iniciada com o craque da Bolsa de 1929 –, já no Brasil, em 1991, 52% das empresas apresentaram balanços negativos. A empresa americana despede em massa seus empregados e diminui o impacto da crise sobre seu desempenho, mas agrava o problema social. No Brasil, as empresas ainda tentam segurar seus funcionários durante 1990, confiantes no sucesso do Plano Collor. O desemprego viria somente no ano seguinte, quando os prejuízos se acentuam.

*Ao contrário do que se pensa, a empresa brasileira não está obsoleta. A média de idade dos seus equipamentos é melhor que a americana e a européia*

Outro aspecto negativo que precisa ser esclarecido é o sucateamento do parque industrial brasileiro. Ao contrário do que se imaginava, a empresa brasileira não está obsoleta. Um levantamento feito em 1993 mostrou que a idade média dos equipamentos está em torno de 10,5 anos. Bem melhor que a média européia, de 12 anos, e a dos Estados Unidos, 14 anos. Ficamos bem atrás dos japoneses, que após a crise do iene em 1986, investiram maciçamente na modernização de suas fábricas e baixaram a idade média de seus equipamentos para seis anos. O mesmo nível do Brasil em 1986, resultado dos pesados investimentos estrangeiros que recebíamos até o início da década.

Perdemos parte da nossa vantagem competitiva e geramos uma defasagem tecnológica com essa queda de 4,5 anos na idade média dos equipamentos. No entanto não perdemos o barco. A deterioração da indústria foi relativa, e chegamos à década de 1990 ainda avançados em relação à média mundial.

Uma das conseqüências mais positivas do processo de abertura econômica foi o avanço tecnológico, forçado pela competição direta com os produtos estrangeiros nos mercados interno e externo. Em 1990, não havia uma empresa brasileira com a certificação ISO 9000, ISO 9001 e ISO 9002. Três anos depois, 280 empresas obtêm o certificado que coloca seus produtos em nível de competição internacional do ponto de vista da qualidade. Na Argentina, nessa mesma época apenas oito empresas haviam recebido o certificado ISO 9000.

**CAPÍTULO 4**

# O PAÍS PREPARADO PARA UM NOVO CICLO DE CRESCIMENTO

- *As 500 maiores empresas voltam a crescer*

- *Estatização não é obstáculo*

- *Bolsas voltam a subir*

- *A riqueza do interior*

- *O sucesso das franquias*

- *Produtos populares, o caminho para a indústria*

- *Nova mentalidade empresarial*

Voltamos às precondições existentes no período de prosperidade vivido na década de 1970, muito semelhantes à situação da economia brasileira nos anos 90, prestes a entrar num novo ciclo de crescimento:

- Juros internacionais baixos.

- Empresas com baixo endividamento prontas para um novo ciclo de endividamento e crescimento.

- Empresas novamente rentáveis com capacidade de reinvestir 80% dos seus lucros e financiar seu crescimento.

- Enorme fluxo de capital estrangeiro via empréstimos bancários e via Bolsa, capitalizando as empresas.

- Empresas com níveis de gerenciamento e qualidade no processo de produção em situação bem melhor do que no período que antecedeu o ciclo de crescimento da década de 1970.

Estas são algumas precondições extremamente favoráveis ao novo período de desenvolvimento que o País iniciou lentamente em 1992 e que se estenderá até o ano 2005. Essa previsão de crescimento do País já está acontecendo entre as 500 maiores empresas brasileiras. Em 1992, 345 das nossas maiores companhias voltam a crescer depois do desastre de 1990, quando apenas 71 empresas desse grupo tinham aumentado suas vendas. Na análise do prejuízo, os dados também mostram recuperação. Em 1991, entre as 500 maiores, 249 tiveram resultados negativos e, em 1992, esse número cai para 165. Em 1993, 80% das empresas voltam a exibir um crescimento nas vendas e apenas 20% apresentam prejuízo nos seus balanços. Um número ainda elevado mas já dentro de um patamar aceitável na economia mundial, já que o levantamento das 500 maiores empresas americanas feito pela revista *Fortune* mostra que, em 1992, 19% tiveram prejuízo. (Ver Gráfico 16.)

**Gráfico 16   As 500 maiores empresas voltam a crescer.**

|  | 1987 | 1988 | 1989 | 1990 | 1991 | 1992 |
|---|---|---|---|---|---|---|
| Venderam | 320 | 316 | 255 | 71 | 226 | 345 |
| Perderam dinheiro | 96 | 101 | 70 | 171 | 249 | 165 |
| Capital de giro | 143 | 143 | 208 | 236 | 249 | 246 |
| Multinacionais | 146 | 146 | 147 | 147 | 147 | 147 |

*Fonte*: Revista *Exame – Melhores e Maiores*

Melhora sensível no desempenho global das empresas brasileiras a partir de 1992.

    Estamos com uma economia globalizada e, ao contrário do que se imagina, o mercado financeiro internacional vai conseguir esquecer rapidamente a moratória da dívida externa de 1986, e outras razões citadas por aqueles que dizem que o Brasil jamais recuperará a sua credibilidade financeira. Pelo contrário, em pouco tempo, o País será considerado um dos melhores lugares para investimento. A credibilidade voltará rapidamente; a mudança de imagem do Brasil, de um país perdedor para um país ganhador, será propiciada pelos grandes especuladores internacionais que ganharão muito dinheiro nas bolsas de valores brasileiras. Será o preço que pagaremos aos que acreditaram neste País antes dos demais.

    Em pouco tempo os temas em discussão nos restaurantes de Nova Iorque não serão mais a inflação, o déficit público, a corrupção no Brasil, mas sim o ótimo retorno dos investimentos no País. Investidores internacionais falarão exaustivamente sobre os bons negócios brasileiros, sobre as empresas brasileiras bem administradas que estão dando certo. A nossa imagem mudará. Aliás a classificação dos investidores internacionais no final de 1993 já havia mudado de nação superendividada para nação emergente, criando uma situação mais propícia ao investimento no Brasil. Poucas nações no mundo reúnem todas essas precondições para um crescimento rápido, com exceção, talvez, da China e da Índia.

    Os resultados desanimadores dos últimos cinco planos de estabilização de preços, executados nos governos Sarney e Collor, geram uma suspeita de que existe algum mecanismo de inflação ainda não diagnosticado. Algo que não se encontra na literatura econômica, algo peculiar à economia brasileira. Afinal tudo já foi tentado e a inflação persiste. Esse tema recebeu um tratamento especial com o amparo de um raciocínio mais minucioso, ilustrado por tabelas e cálculos, que é apresentado no final deste livro na forma de um apêndice. Nele é considerada a hipótese de que, ao contrário do que a população em geral acredita, os índices de inflação no Brasil não são subestimados, mas sim superestimados por serem mal calculados.

Sempre que se discute a possibilidade de o Brasil retomar o seu ciclo de desenvolvimento, são lembrados alguns pontos que funcionariam como obstáculos a um melhor desempenho da economia brasileira. Um deles é a polêmica questão das privatizações. O ritmo lento dos leilões de venda das empresas estatais à iniciativa privada é visto como empecilho ao crescimento do País. Este é um ponto discutível. Tomemos como exemplo a Petrobrás. O fim do monopólio poderia agilizar um pouco mais a distribuição e o refino de petróleo, poderia haver mais eficiência e os preços dos combustíveis talvez baixassem um pouco. Todavia, colocando na ponta do lápis vantagens e desvantagens, concluímos que a não-privatização da Petrobrás não impedirá o crescimento do País, até porque em muitos aspectos ela já é uma empresa privada.

***Quem financia 70% das necessidades de capital da Petrobrás já é o setor privado. Só que este não tem direito a voto***

Mais de 70% do capital da estatal está no setor privado nas mãos dos fundos de pensões – pequenos e grandes investidores que adquiriram suas ações na bolsa de valores. O que ocorre é que o Estado possui 50% das ações ordinárias da empresa que garante um controle gerencial até discutível, pois este é mantido por uma lei que nega o direito de voto aos milhares de pequenos acionistas minoritários, que, somados, possuem a maioria do capital. Embora isso seja condenado do ponto de vista ético e democrático, porque a todos deveria ser dado o direito de voto, no fundo quem financia o crescimento da Petrobrás em pelo menos 70% de suas necessidades de capital é o setor privado. O mesmo acontece com outras empresas que monopolizam atividades em áreas consideradas estratégicas, como a Telebrás e a Vale do Rio Doce. O fato de serem estatais, no que diz respeito ao seu controle, não impede a entrada de capital privado nessas empresas.

Ainda que essas empresas estatais continuem nas mãos de um governo debilitado financeiramente, elas poderão aproveitar o novo ciclo de desenvolvimento vivido pelo país, já que o setor privado continuará fazendo aportes de recursos para seus investimentos.

França e Alemanha convivem até hoje com estatais no setor de telecomunicações. Mesmo que lá também se use o argumento de que a privatização dos serviços pode torná-los mais eficientes, esta não é uma condição prioritária ao desenvolvimento desses dois países.

O setor estatal no Brasil controla somente 6% do PIB. É completamente equivocado o dado que atribui ao controle do Estado 70% do PIB do País. As estatais possuíam uma parcela muito grande do patrimônio líquido total das empresas brasileiras, em geral porque estas atuam em setores intensivos de capital como as áreas de petróleo, mineração, siderurgia e energia elétrica. Na verdade as estatais detêm somente 6% da produção, que é o valor de fato adicionado à economia; isso representa um controle de 6% dos preços cobrados. Dos 32 setores em que é dividida a economia brasileira, o Estado controlava cinco: siderurgia, serviços públicos – e aí o Brasil não está sozinho, dezenas de países mantêm o monopólio estatal nessas áreas –, mineração, química e petroquímica. (Ver Gráfico 17.)

**Gráfico 17   Nível de estatização de primeiro mundo (estatais como % PIB).**

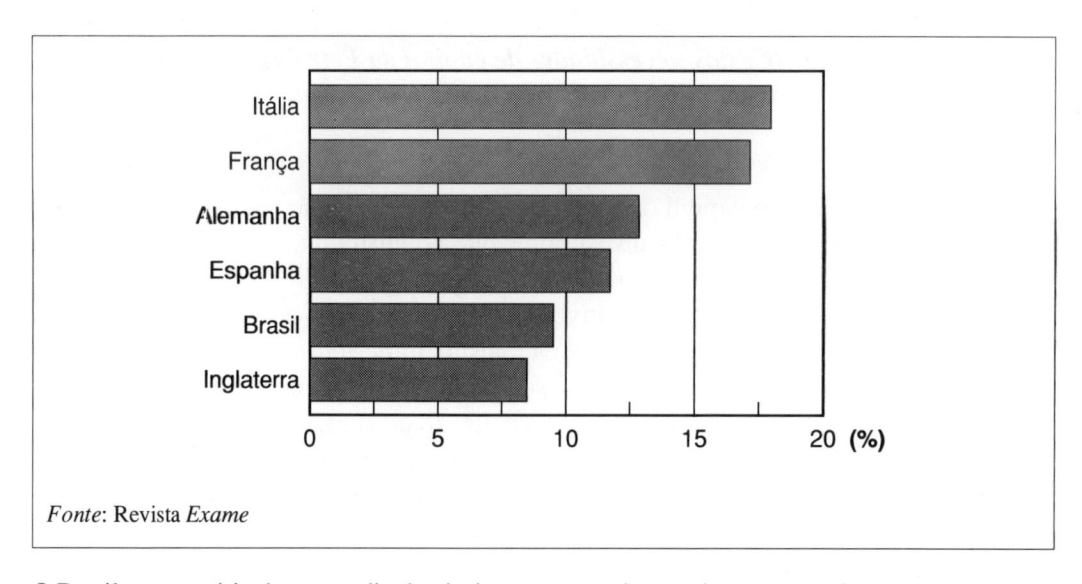

| País | % PIB |
|---|---|
| Itália | ~18 |
| França | ~17 |
| Alemanha | ~13 |
| Espanha | ~11 |
| Brasil | ~10 |
| Inglaterra | ~8 |

*Fonte*: Revista *Exame*

O Brasil, ao contrário do que se divulga insistentemente, é um país pouco estatizado.

Com a total privatização da siderurgia restam somente quatro setores controlados pelo Estado. Uma média favorável ao País. Chamar o Brasil de estatizado é **desconhecer a realidade de países como a Alemanha e a França.**

Um dos equívocos mais repetidos sobre a estatização da economia brasileira está no argumento de que o Estado foi obrigado a entrar nos setores intensivos de capital porque o setor privado não possuía os recursos necessários a esses investimentos. Só que, através dos impostos, a iniciativa privada acabou tendo participação efetiva na criação das estatais. Na realidade, o setor privado não tinha condições de assumir os riscos elevados da implantação de novas áreas na economia como a siderurgia. O tamanho desses negócios era três ou quatro vezes maior do que o capital de uma empresa brasileira.

***Uma empresa estatal bem-sucedida pode ser vendida por duas
ou três vezes o capital inicial investido***

A estatização pode até ser necessária no início do negócio quando o risco é alto. Mas, assim que o empreendimento se consolida e o risco torna-se menor, chega o momento de transferir o pacote inteiro para o setor privado, via privatização ou via pulverização maciça das ações entre investidores brasileiros e trabalhadores. Isso não impede o governo de cobrar um ágio elevado por ter bancado esse risco inicial. Uma empresa estatal bem-sucedida pode ser vendida por um preço equivalente a duas ou três vezes o seu capital inicial. Na Bolsa suas ações alcançam múltiplos que reproduzem muitas vezes o seu capital; essas empresas vivem uma fase madura de seu desempenho com risco bem menor.

Um dos enigmas da privatização é o conceito da palavra estratégico, aplicada a setores que não poderiam passar ao controle da iniciativa privada. Durante décadas o brasileiro entendeu que petróleo, comunicações e outras atividades faziam parte desses setores e não se questionou essa definição. O tema é polêmico, mas é certo dizer que o que é estratégico numa década pode não ser mais estratégico na década seguinte. Na década de 1940, companhias de aviação eram consideradas estratégicas por questões bélicas. Em caso de guerra, as estatais da aviação comercial cederiam seus aviões para transporte de tropas. Entretanto, o mundo mudou, tanto que as chances de uma guerra ser vencida por tropas transportadas por aviões de carreira são mínimas, frente ao poderio bélico de recursos como os mísseis.

O petróleo foi sem dúvida estratégico para o Brasil na década de 1950, quando era importante dominar as fontes de produção dessa matéria-prima, da qual o País ainda era totalmente dependente de importação. No momento em que a Petrobrás já consegue produzir 50% do consumo nacional, o setor deixa de ser estratégico. Na hipótese de uma guerra com interrupção do fornecimento de petróleo acionam-se medidas de contenção de energia e sobrevive-se com 50% de fornecimento. Além disso, nenhuma guerra dura para sempre. Hoje, estratégico é deter o controle do cinturão de satélites ao redor da

Terra, que são o futuro do sistema de comunicações do mundo. As chances de o Brasil controlar esse sistema são mínimas; nós seremos dependentes de um sistema dirigido por um gigantesco consórcio de empresas multinacionais do setor de comunicações. O grande risco seria o mundo declarar guerra ao Brasil e bloquear o nosso acesso aos serviços dos satélites, o que, convenhamos, é uma hipótese até ridícula.

### *As empresas, no mundo todo, investem muitas vezes o lucro obtido num ano. Ao se gastar mais do que o lucro, gera-se um déficit privado*

O déficit público seria o segundo grande obstáculo ao desenvolvimento do País e também um ponto que merece uma análise mais detalhada. O Brasil vai conviver ainda durante toda a década de 1990 com o déficit público; colocar o equilíbrio total nas contas públicas como condição ao crescimento do País é um erro financeiro, já que nenhuma empresa privada opera sem déficit. Todas as empresas no mundo investem muitas vezes o lucro gerado num ano. A média internacional é investir três a quatro vezes o lucro anual em equipamentos. Ao se gastar mais do que o lucro, gera-se um *déficit privado*.

Por isso é bom analisar com muito cuidado a questão dos déficits público e privado, pois eles fazem parte da rotina do mundo dos negócios. A questão principal é que não se pode onerar um investimento com uma taxa de juros superior ao retorno que se espera conseguir com esse investimento. Na década de 1970, a empresa brasileira conseguiu um retorno de 25% ao ano, pagando um juro anual de 3%. Esta é uma situação extremamente favorável, apesar de as empresas naquela época estarem operando de acordo com o conceito dos economistas brasileiros de *déficit privado*, pois investiam mais do que o lucro auferido. O problema é que o governo brasileiro infelizmente não faz isso e opera com uma taxa de juros muito elevada, determinada por ele mesmo, já que é o maior tomador de recursos. Por um lado, chega a pagar uma taxa anual de juros superior a 20%, e por outro investe esse dinheiro de uma forma equivocada, a uma taxa inferior, com retorno zero.

Como se vê, não é uma questão de déficit público, e sim de mau gerenciamento do dinheiro que o governo toma emprestado. É preciso melhorar a taxa de retorno dos investimentos públicos. O fato é que o governo brasileiro não tem sido eficiente na administração financeira. Também não se preocupa com a sua imagem de gerenciamento financeiro, a começar pelo Banco Central, que não se interessa sequer em mostrar que a dívida externa tem sido corroída, ano após ano, pela inflação americana. Um bom administrador financeiro sempre destina parte de sua verba promocional para melhorar a sua imagem financeira.

O Banco Central e entidades de classe da indústria e do comércio deveriam trabalhar a imagem do País, porque não é só aumentando as taxas de juros que se arrecada mais dinheiro – aliás esta é a forma mais fácil de conseguir dinheiro. Como o maior tomador de dinheiro no mercado, o Banco Central está até numa boa posição para negociar os juros. Mas não existe uma preocupação em reduzir o clima de incerteza do investidor brasileiro. No início do mês, por exemplo, ninguém sabe qual vai ser o juro real da nossa economia. Uma fórmula mais inteligente seria o Banco Central captar dinheiro pós-fixado. Paga-se a taxa de inflação – qualquer que seja –, mais um juro fixo de 1% ao mês, por exemplo. A inexistência de taxas de juros prefixadas leva o investidor a exigir um alto prêmio pelo risco inflacionário de emprestar dinheiro ao governo brasileiro.

Não podemos esquecer que a Itália tem um déficit público de 12% do seu PIB; a Espanha, 5,2%; o Canadá e a Inglaterra, 5%; a Suécia já teve um déficit de 12% e baixou para 4,4%; todos, níveis acima do déficit brasileiro, que é de 3,2%, nem por isso esses países tiveram taxas de inflação sequer próximas às nossas. (Ver Gráfico 18.)

A própria dívida interna do governo brasileiro na verdade não é um problema tão sério. A dívida interna da Bélgica representa 120% do seu PIB; a da Itália, 100%; a do Canadá, quase 75%; e a dos Estados Unidos, um pouco menos de 60%. Com todos os problemas e crises vividos pelo Brasil durante a década de 1980, o País tinha em 1992 uma dívida interna que não ultrapassava 35% do seu PIB. (Ver Gráficos 19 e 20.)

## Gráfico 18    Déficits públicos de países de primeiro mundo (1992).

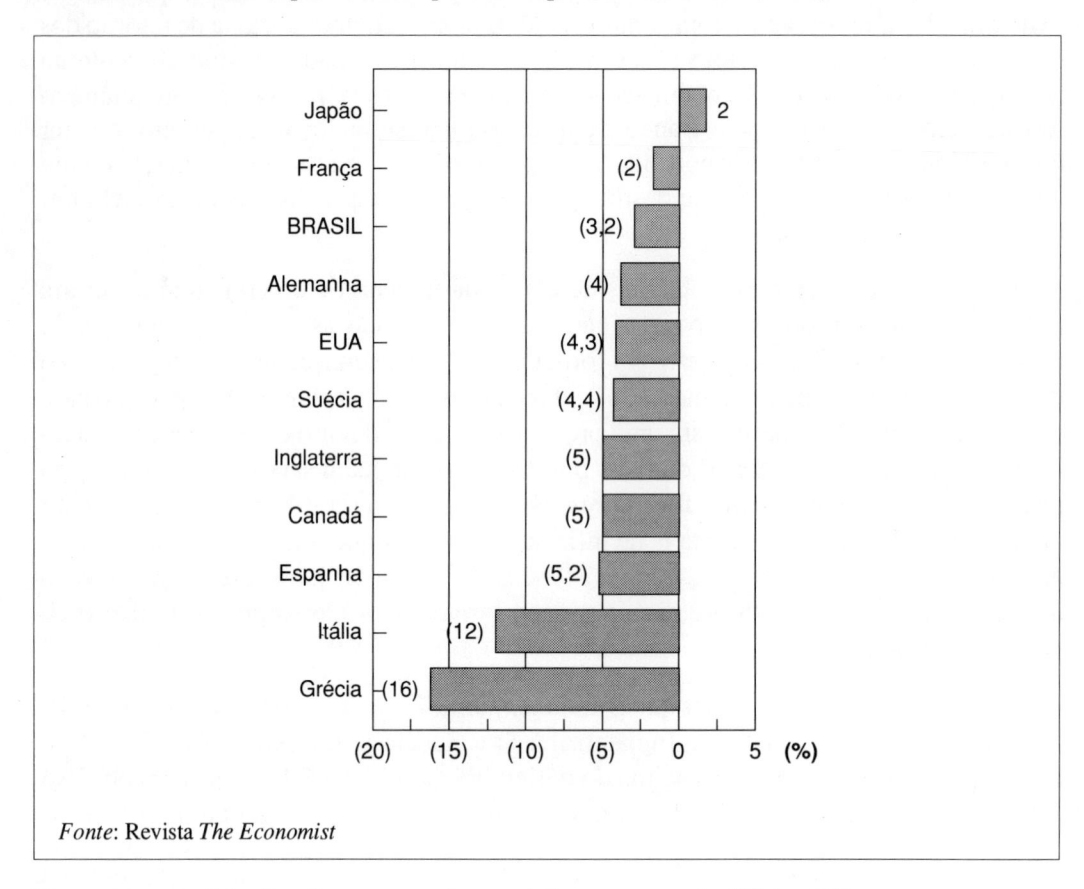

| País | Déficit (%) |
|---|---|
| Japão | 2 |
| França | (2) |
| BRASIL | (3,2) |
| Alemanha | (4) |
| EUA | (4,3) |
| Suécia | (4,4) |
| Inglaterra | (5) |
| Canadá | (5) |
| Espanha | (5,2) |
| Itália | (12) |
| Grécia | (16) |

*Fonte*: Revista *The Economist*

No cenário mundial o Brasil ocupa uma boa posição em termos de déficit público.

**Gráfico 19    Dívidas internas – Dívidas do governo como % do PIB.**

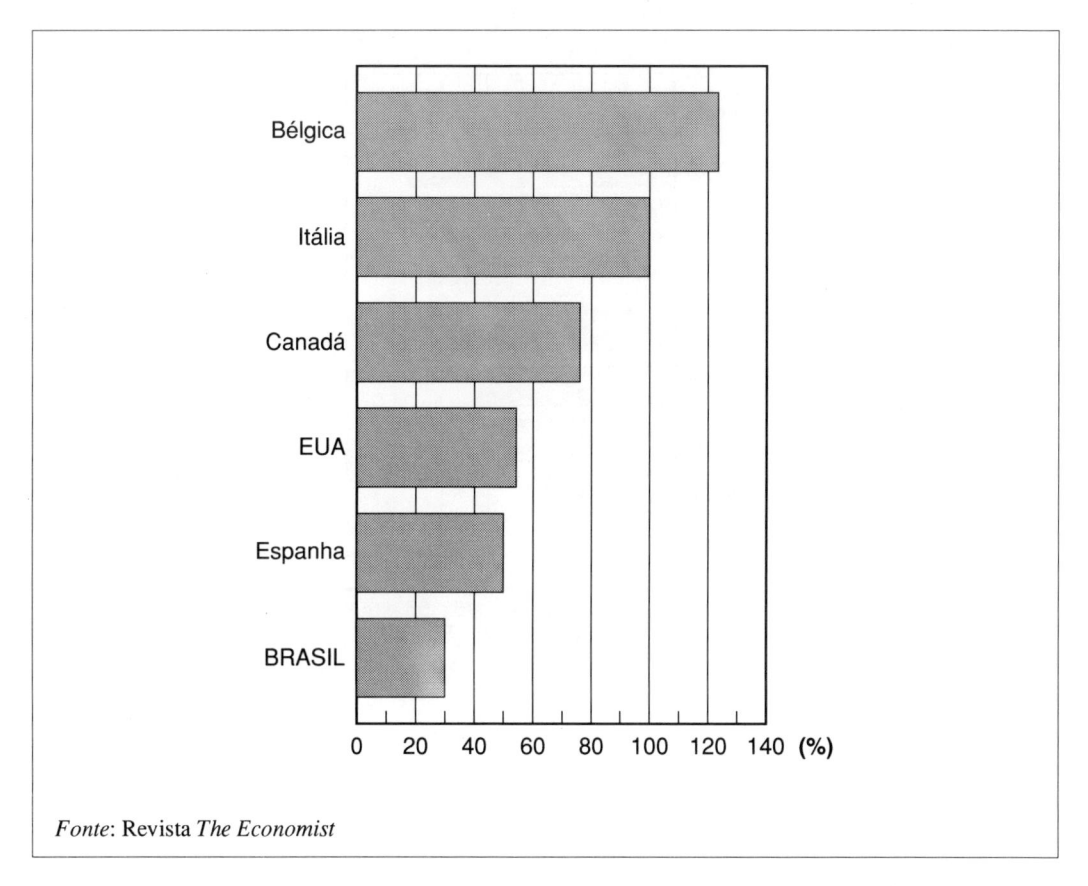

| País | Dívida (% do PIB) |
|---|---|
| Bélgica | ~125 |
| Itália | ~100 |
| Canadá | ~75 |
| EUA | ~55 |
| Espanha | ~50 |
| BRASIL | ~25 |

*Fonte*: Revista *The Economist*

A dívida interna do governo brasileiro é pequena se comparada a outros países.

**Gráfico 20    Vantagens competitivas – gastos do governo como % do PIB.**

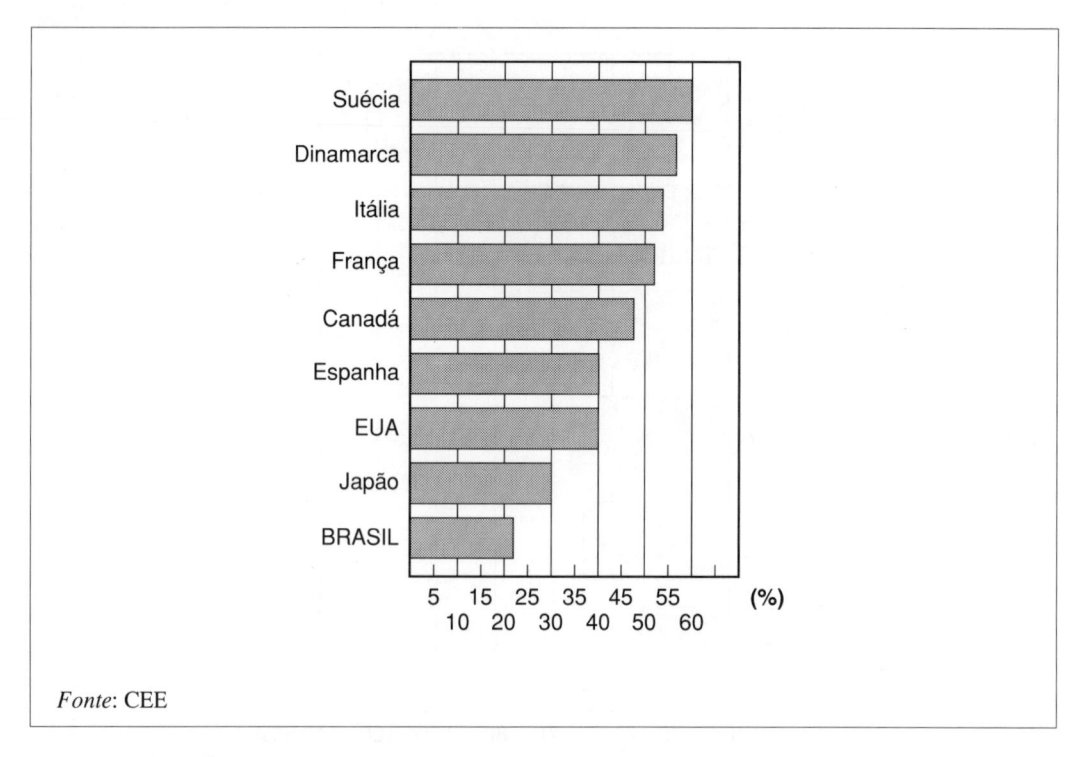

| País | % do PIB (aprox.) |
|---|---|
| Suécia | ~60 |
| Dinamarca | ~55 |
| Itália | ~50 |
| França | ~50 |
| Canadá | ~45 |
| Espanha | ~40 |
| EUA | ~40 |
| Japão | ~28 |
| BRASIL | ~25 |

*Fonte*: CEE

O Estado brasileiro é relativamente pequeno, gasta somente 25% do PIB.

O problema brasileiro neste ponto é a enorme taxa de juros que o governo paga para manter essa pequena dívida interna, o que confirma mais uma vez que é uma questão de gerenciamento financeiro. Somente com o fim da inflação as taxas de juros serão gradativamente reduzidas, por dois motivos. Primeiro porque sem a incerteza inflacionária o investidor não irá exigir o risco em relação à inflação nos seus empréstimos de curto prazo ao governo e, segundo, a volta do dinheiro externo mais barato trará uma média mais equilibrada e mais baixa entre os recursos de fora e a poupança interna.

### *O combate à inflação tem um risco político elevado*

Ao contrário do que se pensa, não faltou vontade política para combater a inflação no Brasil. O inimigo número um da nação e dos políticos é a inflação. O presidente

Sarney conhecia perfeitamente o risco político que corria, caso o Plano Cruzado não desse certo já no primeiro momento. Uma semana antes de editar o Cruzado, pediu que fosse preparada a ilha de Fernando de Noronha para uma retirada estratégica, pois ele estava convicto de que se o plano fracassasse na primeira semana seria forçado a deixar o cargo.

Um dia antes do Cruzado ninguém tinha certeza se funcionaria ou não. Agora pode até parecer meio óbvio. Mas na véspera você não sabia qual seria a reação dos banqueiros, da população, ou se poderíamos até ter hiperinflação no dia seguinte. O presidente Sarney sabia claramente que combater a inflação tinha um risco político elevado. Da mesma forma, o presidente Collor coloca como primeiro ato político de seu governo um canhão contra a inflação.

Inúmeras outras iniciativas governamentais para acabar com a inflação nos levam a repensar essa visão que temos sobre o político brasileiro de que ele não tem combatido o maior problema da economia nacional. Os políticos aprovaram todos os planos, até o do presidente Collor, que, ao contrário do presidente Sarney, tinha minoria no Congresso. O Congresso reeditou várias vezes medidas provisórias mal redigidas, repletas de erros conceituais e jurídicos das equipes responsáveis por sua redação. Os planos dão errado na maioria das vezes por problemas técnicos de concepção.

### *Não são os grandes planos que dão certo e sim os pequenos detalhes dentro dos planos*

Detalhes preciosos comprometem a eficácia das medidas propostas. Na transformação do cruzeiro para o cruzeiro real esqueceram de regulamentar a questão dos cheques pré-datados, já emitidos e em mãos dos comerciantes. A economia ficou paralisada durante uma semana e causou prejuízos de 0,3% do PIB. Não são os grandes planos que dão certo, e sim os pequenos detalhes dentro dos planos. O sucesso de um grande plano depende da capacidade de prever os pequenos detalhes que podem atrapalhar a sua implantação.

No Plano Cruzado, esqueceram um aspecto importante, que eram os preços industriais em vigor nas negociações entre comércio e indústria, e congelaram os preços a prazo que embutiam inflação futura. No mês de março de 1986, a economia brasileira parou durante um mês, enquanto fornecedores e clientes promoviam a *guerra do deflator* com os dois lados disputando margens, produto a produto, numa nova tabela de preços. A famosa tablita foi introduzida para eliminar a inflação futura dos instrumentos financeiros existentes no dia 28 de fevereiro, mas nenhum dos 18 *pais* do Plano Cruzado lembrou-se de aplicar essa mesma tablita nos preços a prazo. Desse erro originou-se a piada de que nenhum dos *cruzadeiros* teria jamais emitido uma duplicata em sua vida. A falta de experiência em relação ao mundo dos negócios certamente compromete a capacidade de elaborar planos corretos em todos os seus detalhes.

A produção brasileira ficou imobilizada durante as duas semanas da *guerra do deflator* porque ninguém sabia a que preço comprar a prazo, ou a que preço vender. Esse período foi suficiente para reduzir ainda mais a oferta numa economia em que o consumo voltava a crescer. Portanto, não foi a bolha de consumo que acabou com o Plano Cruzado, e sim esse pequeno erro que prejudicou a produção de bens industriais.

Em 1989, falava-se muito num calote da dívida interna, como uma das formas de o governo colocar suas contas em dia e acabar com a inflação. Preocupado com essa hipótese, elaborei um estudo com as possíveis conseqüências de uma decisão do governo de não honrar compromissos do mercado financeiro, como as operações de overnight e títulos da dívida interna. A empresa média perderia somente 7% de seu patrimônio, o que equivale a oito meses de lucro. É uma perda pequena, que não comprometeria a sobrevivência do negócio. Por outro lado, o poupador médio teria um prejuízo enorme, pois o calote levaria praticamente a metade de sua poupança, um desastre do ponto de vista político.

Concluí que nenhum governo futuro faria a loucura de decretar o calote da dívida interna, pois, mesmo que fosse contornável para as empresas, seria insuportável para o investidor como pessoa física. Os idealizadores do Plano Collor acharam que a medida atingiria somente os grandes empresários que aplicavam no overnight e as empresas que preferiam garantir sua rentabilidade no aquecido mercado financeiro. Uma análise fria dos números revelava exatamente o contrário.

***A mudança da Constituição não é necessária. O mundo moderno não caminha mais de cima para baixo e sim de baixo para cima***

Outro problema é que todos os planos tinham até um início bem estruturado, mas o meio de campo acabava atrapalhando e a jogada ficava sem finalização. Para se ter uma idéia melhor dessa falta de perspectivas dos planos econômicos, basta lembrar que o Cruzado não tinha previsto um processo de descongelamento. Ninguém tinha no momento da edição do plano a mais vaga idéia de como descongelar gradativamente a economia sem trazer a inflação de volta. Outro detalhe que comprometeu o sucesso do

Plano Cruzado é um pequeno erro inicial no cálculo do índice de inflação, que se acumula com o passar dos meses e gera um efeito de espiral inflacionária. Um estudo que preparei na época alertando sobre esse problema, e que mais tarde se repetiria nos outros planos, está publicado, na íntegra, no Apêndice.

O mesmo problema de planejar as etapas seguintes de um programa de estabilização da economia aconteceu com o Plano Cavallo, na Argentina, que, muito bem concebido no início, um ano depois convivia com uma defasagem cambial de quase 50% e praticamente paralisava a economia do país, gerando graves problemas sociais.

Ainda no contexto político, outra questão polêmica divide a opinião pública e o Congresso Nacional. Para muitos, o Brasil não se modernizará nem voltará a crescer enquanto não se mudarem alguns pontos da Constituição promulgada em 1988; para outros, esta nova Constituinte é absolutamente desnecessária. Se colocarmos essa questão em um plano maior, veremos que o mundo moderno não caminha de cima para baixo e sim de baixo para cima. A Constituição e suas sucessivas emendas já não influenciam tanto assim os rumos da sociedade. Oficialmente os juros bancários estão limitados a 12% ao ano na Constituição, o que não impediu o Banco Central de infringir sistematicamente a legislação ao imprimir taxas até três vezes maiores ao mercado.

O que fará o Brasil crescer serão outras forças, como pequenos e médios empresários e jovens empreendedores, que abrem franquias nos mais diferentes pontos do País, entre outros. O importante não é mais uma grande e abrangente política econômica, e sim a eficiência gerencial de milhares de pequenas e médias empresas. Se estes falharem no seu trabalho, aí sim o Brasil não irá para a frente. Mas, se o grande planejamento econômico não der certo, se a Constituição não for a melhor de todas, o efeito não será o mesmo de 40 anos atrás, quando o mundo era mais autoritário, os governos tinham mais poder e a força era exercida de cima para baixo.

***O próprio crescimento da economia brasileira começará a resolver
a maioria das deficiências deste País***

De tudo o que foi analisado até aqui podemos fazer uma média que certamente dará um saldo positivo. O próprio crescimento da economia brasileira começará a resolver a maioria das deficiências deste País, principalmente as enormes carências sociais da Nação. É mais fácil manobrar um caminhão quando ele está em movimento do que quando está parado.

Outra questão importante é saber se haverá renda disponível para sustentar o novo ciclo de crescimento esperado para os próximos dez anos, já que não existe crescimento sem consumo. De nada adianta investir bilhões de dólares na economia brasileira se a população não tiver renda para girar a riqueza produzida. Se olharmos com atenção alguns indicadores nesse campo, veremos que há boas perspectivas em relação ao poder de compra do brasileiro.

O primeiro aspecto positivo está nas mudanças ocorridas no perfil da população, que vai operar esse novo ciclo de crescimento. Nas décadas de 1970 e 1980, a família brasileira passa a controlar o seu tamanho, o que provoca um contínuo declínio na taxa de fertilidade. Dos 6,2 filhos por mulher, em 1960, passamos para 4,5 no início da década de 1970, para 3 no início da década de 1990, e as projeções indicam que chegaremos a 2,3 ou 2,4 no final do século. Nesse patamar estaremos um pouco acima da taxa média dos países europeus, que é de 1,8 filho por mulher. (Ver Gráfico 21.)

**Gráfico 21    Cai a fertilidade brasileira.**

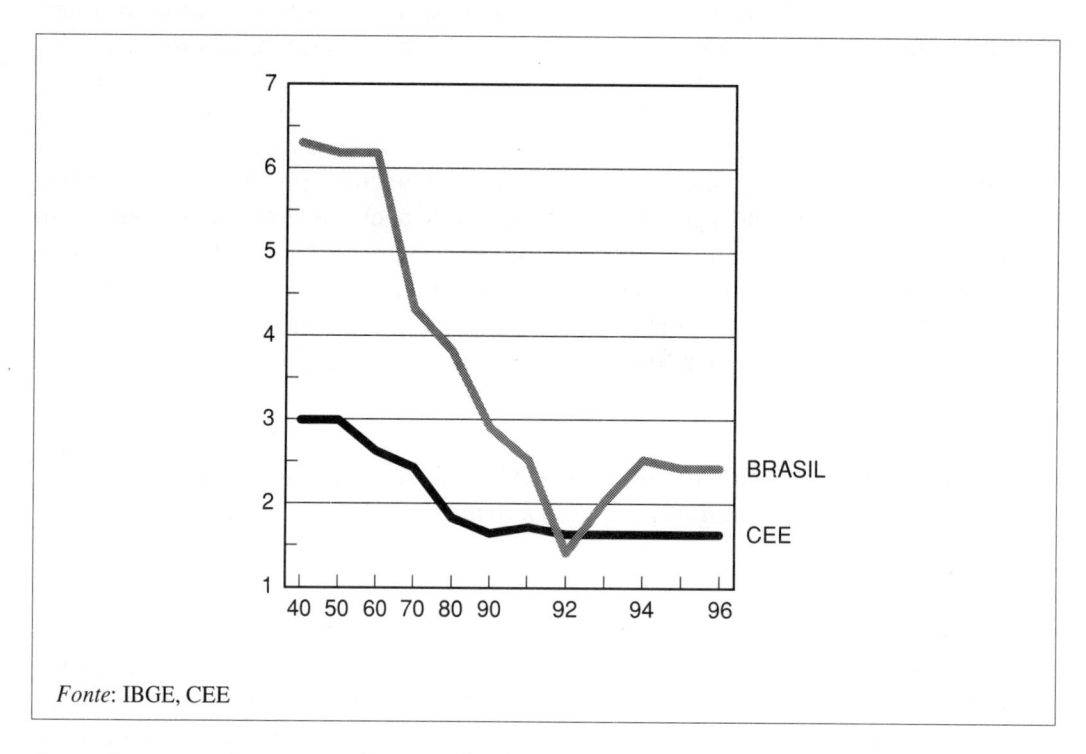

*Fonte*: IBGE, CEE

A grande ameaça de superpopulação no Brasil não aconteceu. A família brasileira tem cada vez menos filhos.

Uma brutal recessão em 1992 levou a taxa de fertilidade a 1,4 filho por mulher – o nível mais baixo já registrado no País. Os casais não só postergavam o casamento, mas os que casavam postergavam o seu primeiro filho. Claro que esta é uma estatística atípica, e assim que o País voltar a crescer, a fertilidade retoma a taxa de 2,5 filhos por mulher.

*Surge um consumidor que vai desafiar o marketing brasileiro: o jovem casal sem filhos, com renda para o supérfluo*

Estes números indicam que o Brasil resolveu um dos seus mais sérios problemas. O risco que se tinha no final da década de 1950 de uma explosão populacional incontrolável não se confirmou e ocorreu até uma redução na taxa de fertilidade. O fenômeno recessivo de 1992 implantou no País um modelo familiar antes limitado aos países do primeiro mundo, o jovem casal yuppie, no qual homem e mulher trabalham fora, possuem uma renda superior aos casais mais velhos, adiam o primeiro filho e tem mais dinheiro para gastar. Esse novo modelo desafia a criatividade das diretorias de marketing das empresas e da publicidade brasileira, já que o casal jovem, sem filhos, tem renda disponível para o supérfluo.

Outra mudança social importante, que detalharemos mais adiante, é o movimento de franquias, que promove uma inversão no movimento migratório tradicional deste País, sempre em busca do sucesso na cidade grande. Hoje, jovens de boa formação, nascidos nas capitais, procuram cidades do interior para instalar novos negócios e propiciam uma verdadeira revolução nos hábitos de consumo locais.

O ingresso maciço de mulheres no mercado de trabalho é outro fenômeno social significativo ocorrido na década de 1970. O padrão tradicional da família brasileira no qual só o homem sustentava a casa passa a ser substituído pelo casal que trabalha fora; a partir daí a mulher é uma nova e importante fonte de renda na família. (Ver Gráfico 22.)

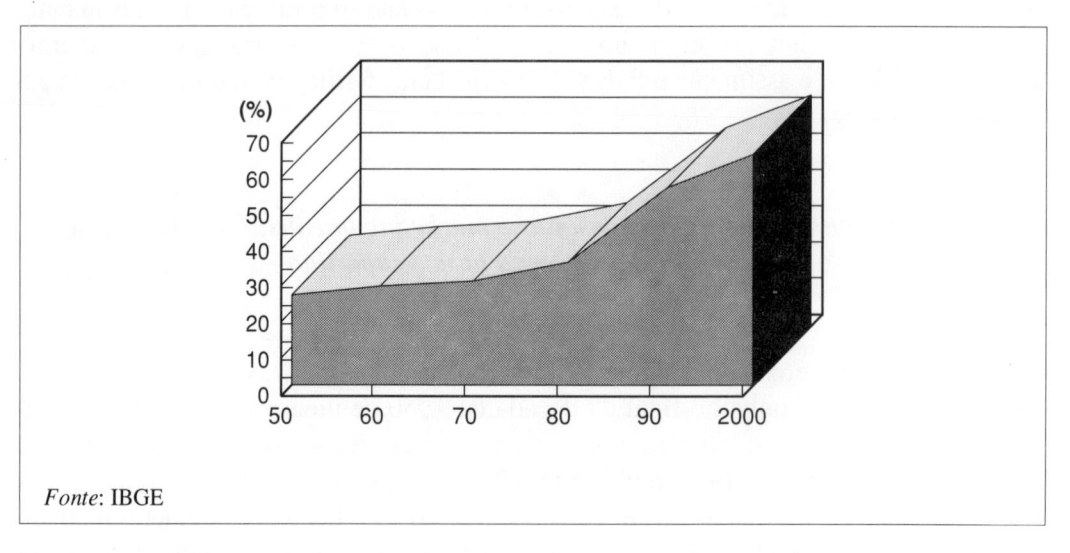

**Gráfico 22    Mulheres entram no mercado de trabalho.**

*Fonte*: IBGE

No ano 2000, 70% das mulheres em condições de produzir estarão no mercado de trabalho.

      O fim da inflação acaba com a lucratividade bancária decorrente do *float* – ganho inflacionário que o banco obtém com o dinheiro que fica parado no sistema, mesmo que por um período curto. É a duplicata que demora um dia para cair na conta do cliente, é o depósito que leva três dias para ser creditado em uma agência nordestina, ou até uma semana para chegar a Manaus. Essa perda da população com a ciranda financeira, por problemas na administração de sua rotina bancária, proporcionou aos bancos uma renda adicional de US$35 bilhões calculada a um nível mensal de inflação em torno de 45%.

*Existem US$12 bilhões em papel moeda guardados*
*debaixo dos colchões da classe média brasileira*

      Por causa da *década perdida* e da fuga do setor produtivo do crédito caro, um banco médio brasileiro empresta pouco, somente quatro vezes o seu capital, quando a média histórica é emprestar 12 vezes o seu patrimônio médio. Os bancos brasileiros poderão triplicar a sua base de empréstimos sem comprometer a sua saúde financeira ou o sistema financeiro como um todo. Todos os esforços dos bancos no País, durante a década de 1980, eram canalizados à caça da inflação, oferecendo gratuitamente os mais variados serviços para atrair depósitos da população, porque assim é que ganhavam dinheiro. O controle da inflação vai mudar os esforços dos bancos no sentido de atrair tomadores de empréstimos dos mais diversos tipos. O lado positivo é a fortíssima base de capital com que os bancos entram nessa nova fase da economia.

Os ganhos do sistema financeiro com a inflação serão reduzidos praticamente a zero, quando esta for eliminada, e o dinheiro ficará na mão do pequeno consumidor, especialmente daquele que não tinha acesso a salvaguardas mais sofisticadas para se proteger. O volume destinado ao crédito direto ao consumidor aumentará provavelmente dez vezes nessa nova fase da economia brasileira. Um forte combustível para manter a economia crescendo até 2005.

Um hábito de poupança muito estimulado pelas altas taxas de inflação é a reserva de dólares em papel moeda que o brasileiro guarda debaixo do colchão. Um estudo feito na Universidade de São Paulo pela professora Nena Gerusa Cei calcula que existam cerca de US$12 bilhões reservados para dias piores nas casas das famílias de classe média brasileira. São dólares físicos que passaram pelas mãos de doleiros a um volume médio de US$5 mil por família, mas que pode chegar, em alguns casos, a até US$100 mil.

É claro que sempre haverá dinheiro debaixo do colchão, mas, com a melhoria nas perspectivas da economia brasileira, boa parte dessa reserva vai acabar indo para o consumo; afinal é reduzida a necessidade de manter esse tipo de poupança. Acredito até que uma grande porção dessas economias foi responsável pelo incremento ocorrido no mercado automobilístico em 1993. O desempenho das vendas de carros no mercado interno naquele ano não é condizente com o desempenho da economia no período. O sucesso de vendas no setor de automóveis só pode ter sido originado em poupanças de anos anteriores gastas naquele momento – uma delas, certamente, os dólares debaixo do colchão. O estímulo ao consumo veio depois de um acordo entre indústria e governo que resultou na diminuição de impostos repassados ao preço final dos veículos.

*A alta da Bolsa de Valores melhora o bom humor do setor empresarial e acaba contagiando todo o mundo dos negócios*

Os pessimistas irão apontar a esta altura um possível ressurgimento de pressões inflacionárias originadas na produção, a chamada inflação de custos. Essa possibilidade existe porque o País não se preparou para o novo surto de crescimento. Mas, felizmente, as importações poderão suprir eventuais gargalos no fornecimento. Na falta de aço, por exemplo, importa-se o produto em vez de simplesmente aumentar seus preços, como se fazia na década de 1970.

Mais uma fonte de renda disponível na retomada do crescimento serão as ações das Bolsas de Valores. O Índice Bovespa duplicará ou até triplicará e viveremos um novo período de euforia muito semelhante a 1971. Naquele ano, as empresas aproveitaram o *boom* da Bolsa para abrir o seu capital pela primeira vez; em conseqüência disso nós tivemos dez anos de mau desempenho do mercado acionário, à medida que uma empresa atrás da outra abriu 49% de seu capital. Dessa vez esse problema não se repetirá porque a maioria das empresas já abriu 49% de seu capital, e como os empresários brasileiros gostam de manter o controle de seu negócio, não entrarão mais papéis no mercado. O ritmo de busca de recursos na Bolsa não será tão frenético quanto em 1971, porque as empresas brasileiras estão muito pouco endividadas, o que afasta a necessidade de aporte de capital. Neste cenário é fácil prever vários anos de crescimento e bom desempenho dos papéis da Bolsa favorecendo a realização de lucros para muitos investidores que certamente canalizarão parte dos seus ganhos para o consumo.

A alta da Bolsa melhora o bom humor do setor empresarial e acaba contagiando todo o mundo dos negócios. Os bons negócios com ações estão de volta e vão melhorar ainda mais com a retomada da economia. Uma ação é cotada por apenas cinco vezes o seu lucro médio anual, enquanto nos Estados Unidos essa relação chega a 20 vezes. Se o preço/lucro (PL) médio de uma ação brasileira tender aos níveis internacionais, há espaço para a Bolsa de Valores subir quatro vezes. Some-se a isso o efeito positivo sobre a Bolsa do aumento do lucro das empresas brasileiras gerado pelo crescimento da economia. Reunindo todos esses pontos positivos que influem no desempenho do mercado de ações, acredito que a Bolsa tem plenas condições de crescer pelo menos dez vezes num período de dez anos, mantidas as condições de crescimento e estabilidade da economia no País. (Ver Gráficos 23, 24 e 25.)

**Gráfico 23    Bolsas vão crescer.
(Em milhões de US$)**

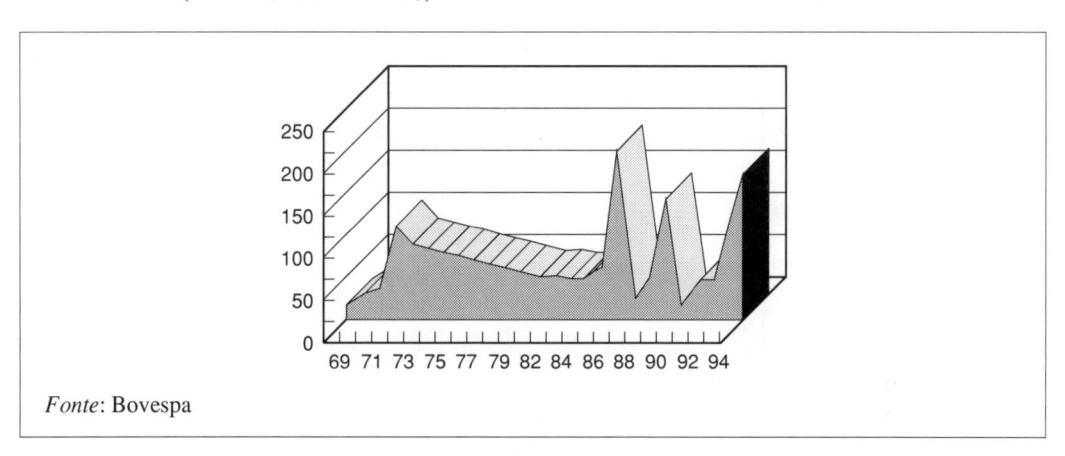

*Fonte*: Bovespa

Euforia nas Bolsas estimula os negócios em toda a economia.

**Gráfico 24    Ações ainda baratas no Brasil.**

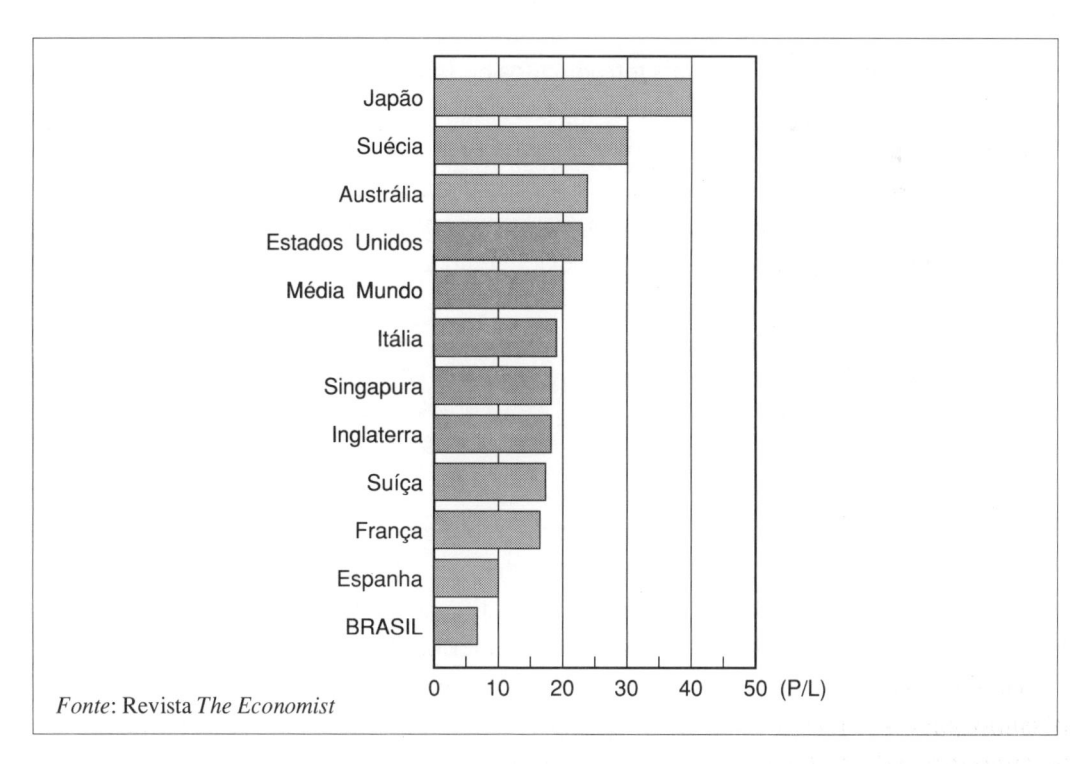

*Fonte*: Revista *The Economist*

PL (preço/lucro) das ações brasileiras deverá subir para 20 e o lucro deverá dobrar nos próximos dez anos.

**Gráfico 25   Estrangeiros na Bolsa – Participação no mercado à vista.**

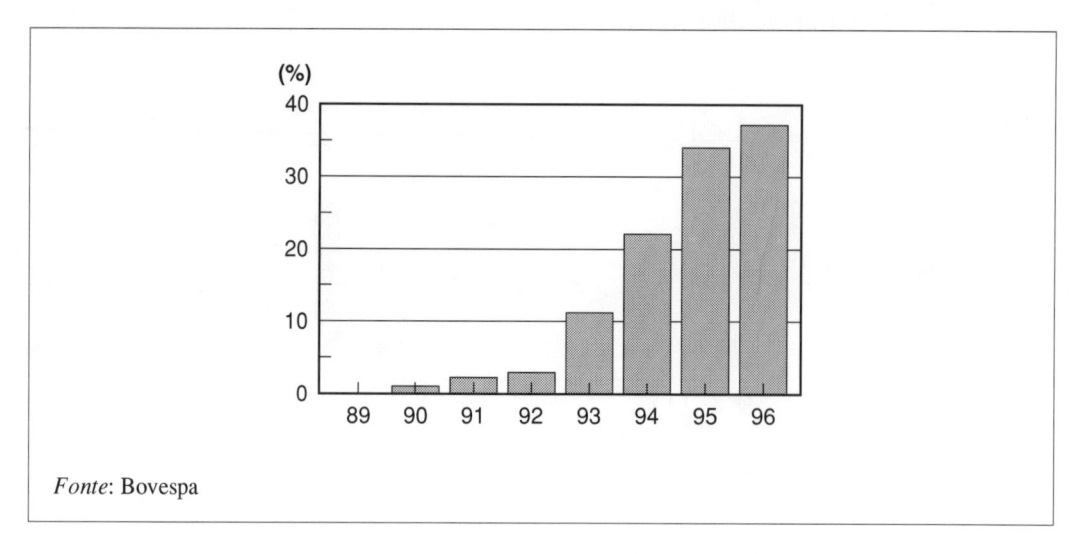

[Gráfico de barras mostrando valores aproximados: 89: 0%; 90: 1%; 91: 2%; 92: 3%; 93: 11%; 94: 22%; 95: 34%; 96: 37%]

*Fonte*: Bovespa

Os fundos estrangeiros serão responsáveis por 35% do movimento diário da Bolsa.

Novos métodos gerenciais introduzidos no setor de construção civil trouxeram eficiência e menos desperdício de material, derrubando seus custos pela metade. O item moradia tem um peso tão significativo no orçamento doméstico brasileiro que uma família de classe média baixa chega a gastar 50% de seus ganhos durante uma geração para ter a sua casa própria. A redução nos custos da construção civil comprometerá uma parcela menor da receita familiar com moradia, liberando parte da renda para o consumo.

***Jovens nascidos nas capitais com boa formação vão para o interior e levam dinheiro, talento e promissores negócios. É a reversão do êxodo rural***

Entre todas as transformações socioeconômicas ocorridas no período recessivo da década de 1980, a mais fascinante de todas, sem dúvida, é a volta da economia brasileira para o interior do País. No decorrer de 200 anos, o Brasil habituou-se a contar histórias bem-sucedidas de jovens, saídos do interior de São Paulo, Minas Gerais, Pernambuco, atraídos para as capitais em busca da fama e da fortuna. Ótimo para eles, péssimo para as cidades de origem que perdiam o seu elemento empreendedor, e péssimo para a distribuição geral da renda que acabava concentrada nas grandes cidades.

O que se assiste de forma acelerada no início da década de 1990 são jovens nascidos de famílias estabelecidas nas capitais, educados em conceituadas universidades, fazendo o caminho inverso, para o interior. Junto eles levam dinheiro, talento e promissores negócios. A última vez que o Brasil viveu um ciclo de interiorização foi com os bandeirantes no século XVII e o saldo foi o saque de riquezas que todos nós conhecemos.

De 1988 a 1993 mais de 50 mil franquias foram abertas no Brasil e, de cada dez franquias instaladas, nove acabam dando certo. O Brasil já ocupa o terceiro lugar no ranking mundial desse tipo de negócios, perdendo apenas para os Estados Unidos e para o Japão. Em 1994, estavam sendo construídos no Brasil 230 shopping centers para abrigar milhares de novas lojas franqueadas, especialmente nos setores de fast-food e confecção. Há casos de franquias que já se instalaram em praticamente todas as principais cidades do País. A pulverização de lojas de uma franquia barateou os negócios do setor. (Ver Gráfico 26.)

Gráfico 26    Franquias – a riqueza do interior.

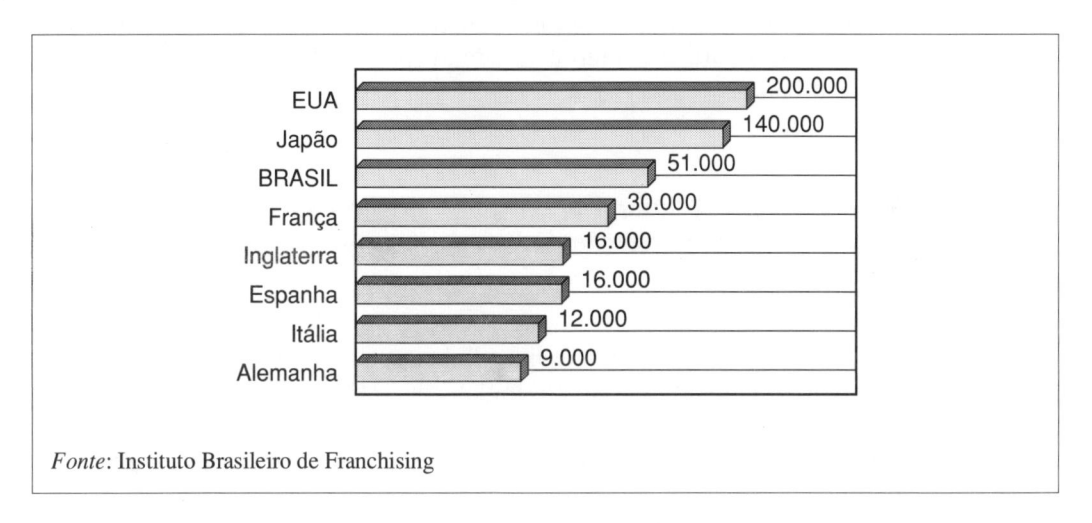

| País | Franquias |
|---|---|
| EUA | 200.000 |
| Japão | 140.000 |
| BRASIL | 51.000 |
| França | 30.000 |
| Inglaterra | 16.000 |
| Espanha | 16.000 |
| Itália | 12.000 |
| Alemanha | 9.000 |

*Fonte*: Instituto Brasileiro de Franchising

O Brasil já é o terceiro maior país do mundo em número de franquias.

A franquia traz um efeito fantástico no desenvolvimento do espírito empreendedor, Brasil afora, e dissemina técnicas gerenciais modernas entre a população em geral. É um negócio seguro porque não há segredos para o comprador da franquia, a matriz tem interesse em fornecer todo o suporte. Dessa forma o empreendedor que vai para o interior se sente amparado. A franquia formatada entrega o negócio com a contabilidade organizada e as técnicas gerenciais estruturadas, permitindo ao franqueado dedicar-se a questões-chave do negócio, como atrair a clientela e até atender pessoalmente ao cliente, sem ficar amarrado à parte burocrática do empreendimento.

Ao contrário da década de 1970, quando um engenheiro poderia virar suco abrindo um barzinho na Avenida Paulista, em São Paulo, tema inclusive de um filme, esta nova geração tem a possibilidade de tornar-se um bem-sucedido franqueado. As multinacionais pagaram pacotes generosos ao serem forçadas a demitir 50% do seus quadros de engenheiros e pessoal mais qualificado, na crise do início dos anos 90. Alguns receberam indenizações entre US$100 mil e US$200 mil e usaram os recursos para a compra de franquias, onde foram trabalhar.

A experiência mostra que esse engenheiro que foi para o interior não pára a primeira franquia, até porque o interior do Brasil mudou muito. Ao mesmo tempo que as capitais sofrem o ônus das grandes cidades com trânsito confuso, violência e outros aspectos geradores de stress, o interior recebe o aparato de conforto e lazer das grandes cidades sem perder a qualidade de vida. Esse fluxo de pessoas competentes vai inverter a tendência histórica de migração para as grandes cidades. O interior não terá mais sua riqueza gerada exclusivamente no campo. O aumento de produtividade causado por esse espírito empreendedor aumentará também a renda nacional a partir de regiões fora dos grandes centros urbanos.

*De cada 100 franquias que abrem, 86% são bem-sucedidas.*
*A interiorização do País dará certo*

Graças à franquia não vamos desperdiçar dinheiro, tempo e talento como ocorreu no ciclo de desenvolvimento industrial da Inglaterra e Estados Unidos no século passado, quando de cada cinco pequenas empresas que se instalavam quatro fechavam nos cinco primeiros anos de funcionamento. Essas estatísticas prevalecem até hoje nesses países porque pessoas bem-intencionadas que começam um negócio qualquer, sem utilizar o sistema de franquia, enquadram-se numa curva de tentativa e erro com índice de fracasso em torno de 80%, nos primeiros cinco anos de vida.

No Brasil, na década de 1990, de cada dez engenheiros, arquitetos, advogados e outros profissionais e executivos que perderam seus empregos nos duros processos de redução de custos das empresas e vão fazer a vida no interior de São Paulo, nove serão bem-sucedidos. Pesquisa que coordenei em um trabalho de acompanhamento do setor de franquias que faço há cinco anos para a revista *Exame* mostrou que para cada 100 franquias abertas 86% são bem-sucedidas.

A franquia vai exercer uma função que a universidade brasileira não consegue mais cumprir, que é treinar pequenos empreendedores e bons gerentes. Nossas faculdades de Administração preparam bons executivos para as 500 maiores empresas brasileiras, mas ainda não conseguem formar pessoas competentes para criar novas empresas. O McDonald's em três meses de treinamento intensivo forma um bom gerente de franquia; um profissional preparado também para abrir uma outra franquia, ou para ser um pequeno empresário em outro setor. O jovem de hoje quer ser bem-sucedido logo no início de sua carreira. Para isso busca mais eficiência e preocupa-se com questões administrativas e gerenciais para atingir mais rapidamente o seu objetivo.

No início da década 1970, existiam menos de dez livros de Administração de Empresas, traduzidos e publicados no Brasil. Em 1993, nada menos do que 150 livros de Administração foram traduzidos ou publicados no País. Não existem estatísticas oficiais sobre o consumo dessas obras, mas as estimativas apontam entre 700 mil e 1,3 milhão de livros vendidos por ano no País, gerando uma receita entre US$10 milhões e US$15 milhões. Nesta área, participo como um dos autores do livro *Contabilidade Introdutória*, que, em 1994, completará meio milhão de cópias vendidas ao longo de dez anos. É impressionante a avidez e a voracidade pelo tema, ao mesmo tempo que assistimos à derrocada do interesse por livros sobre Economia. A procura pelos cursos de Administração de Empresas explode e reduz o número de alunos que buscam os cursos de Economia.

Em 1976, a revista *Fortune* publicou uma reportagem especial sobre a turma de 1946 da Harvard Business School, a mais conceituada faculdade de Administração do mundo. Ela acompanhou a carreira de cada um dos alunos e constatou que 50% deles se tornaram presidente de uma das 500 maiores empresas americanas. A outra metade abriu negócios próprios, alguns até se transformaram em uma das 500 maiores empresas dos Estados Unidos. Sem dúvida, uma turma de sucesso.

A revista *Exame* repetiu a pesquisa com a turma de 1956 da Fundação Getúlio Vargas, a primeira a concluir o curso de Administração da instituição, que na época contava com professores da prestigiada Universidade de Michigan. Na pesquisa da carreira desses alunos descobriu-se que 98% acabaram sendo gerente ou diretor de empresas multinacionais, um tornou-se professor da própria FGV e somente um criou a sua própria empresa, que não integra o ranking das 500 maiores do País.

A diversidade dos dois resultados levou a uma discussão sobre por que o ensino de Administração de Empresas no Brasil não conduz as pessoas a abrir seus negócios. Uma das causas é que o próprio processo de preparação do aluno enfatizava os problemas que ocorrem numa empresa, e assim eles preferiam o porto seguro na forma de um emprego bem qualificado numa multinacional. Ironicamente, grande parte dos empresários brasileiros sequer concluiu o primeiro grau; e isso leva a uma constatação de que, provavelmente, se eles tivessem estudado os riscos do negócio, muitos não teriam se aventurado nesse caminho. Ou seja, um negócio bem-sucedido requer um certo desconhecimento dos riscos envolvidos.

Uma nova pesquisa feita por um professor da FGV, em 1994, constatou que 100% dos alunos se viam num prazo de dez anos donos de seus próprios negócios. Uma mudança radical de atitude em relação à primeira turma da mesma faculdade. A nova mentalidade empreendedora chegou aos cursos de Administração de Empresas no País, que passarão de formadoras de gerentes de multinacionais a incubadoras de novos negócios. A Universidade de São Paulo e a Fundação Getúlio Vargas já possuem cursos de pequenos negócios. Um dos livros de Administração mais vendidos, de autor brasileiro, é *O Empreendedor*, escrito pelo professor Ronald Degen, da FGV.

***As empresas que ficarem presas ao governo para descobrir
o seu caminho estarão em apuros***

Consolida-se a nova mentalidade de que o mundo cresce de baixo para cima e não mais de cima para baixo. As empresas que ficarem presas ao governo para descobrir o seu caminho estarão em apuros. Bem-sucedidas são as que voltaram as costas ao governo, que desistiram de esperar e barganhar por empréstimos, financiamentos e incentivos fiscais. A Construtora Rossi, de São Paulo, por exemplo, não conseguia mais liberar empréstimos suficientes da Caixa Econômica Federal para tocar suas obras; ela resolveu o problema com a criação de um plano próprio para financiar os compradores de seus imóveis. Através de uma engenharia financeira bem elaborada a empresa lançou o Plano 100, pelo qual financia diretamente ao consumidor a venda de apartamentos em 100 prestações mensais, sem nenhum recurso governamental.

A visão de que o Brasil é uma grande orquestra regida preferencialmente pelo ministro da Fazenda está ultrapassada. Eu prefiro a imagem de um país formado por dezenas de milhares de conjuntos de música dos mais diferentes estilos. Alguns de rock, outros de MPB, alguns de câmera, todos tocando sua própria música, sem uma batuta de um único maestro, mas todos tentando agradar seu público, o cliente. A tônica gerencial é ficar de olho no cliente e não no ministro da Fazenda. Poucos leitores saberão quem é o ministro da Fazenda dos Estados Unidos, a maior potência econômica do mundo. Aliás nem nos Estados Unidos lembrarão o seu nome.

O Brasil sofreu muito com a visão do economista de prever o futuro. Conheço dezenas de empresários que contrataram assessores econômicos a peso de ouro para saber antecipadamente o que aconteceria com a Economia, com a taxa de juros e com a inflação. A empresa moderna não é aquela que tenta adivinhar o futuro e sim aquela que decide fazer o seu futuro. É o conceito do empresário estadista, aquele que diz qual é o futuro e trabalha para chegar lá. No mundo dos negócios, contam-se histórias de visionários que não conseguiram chegar lá, por incompetência técnica ou gerencial.

Não é por acaso que os dois maiores sucessos do pós-guerra foram Japão e Alemanha. Os dois países com as economias arrasadas tiveram somente uma alternativa – a de estabelecer um futuro a ser alcançado, e fazer toda a nação trabalhar incansavelmente por ele. São duas concepções completamente diferentes, a do país que quer prever o que o futuro vai trazer de ruim e tentar se defender e a do país que define o seu futuro e sabe onde quer chegar.

A nova mentalidade traz mudanças sobre conceitos moralistas que envolvem a atividade empresarial, entre eles o lucro. A própria Igreja Católica tem perdido espaço para religiões alternativas que adotam a ética protestante, na qual o lucro é encorajado – e as doações à Igreja também.

Até 1993 o único prêmio de excelência empresarial no sentido de laurear o desempenho da empresa como um todo era concedido pela revista *Exame* por meio de sua edição anual *Melhores e Maiores*. Nessa época o governo brasileiro passa a conceder o Prêmio Nacional de Qualidade, iniciativa pública pioneira de estímulo às atividades empresarias exemplares. O primeiro prêmio inclusive foi dado à IBM do Brasil, numa atitude que até surpreende pelo seu desprendimento e certamente inaceitável na década de 1970, por se tratar de uma multinacional.

***A história se repete, mas nunca da mesma forma. A economia não mais será voltada aos 10% mais ricos da população***

É um pouco prematuro afirmar que o Brasil é um País com vocação para o primeiro mundo. Perdemos vantagens competitivas em relação aos países asiáticos que não sofreram os problemas da dívida externa e da *década perdida* como nós. O grande impulso na retomada do crescimento virá das novas regiões industriais que estão surgindo no Ceará, Santa Catarina, interior de Minas Gerais e de São Paulo, fora dos pólos tradicionais da economia brasileira.

Embora a gente vá sentir novamente um sabor de milagre econômico, é preciso lembrar aquela canção – "nada do que foi será do jeito que já foi um dia" – e não repetir os mesmos erros. A história se repete, mas nunca da mesma forma. Uma das mudanças mais importantes é que a nossa economia não mais será voltada a produzir bens e serviços aos 10% mais ricos da população. Esta era, de maneira simplificada, a filosofia da política econômica de substituição das importações que vigorou na década de 1970. O Brasil passou a produzir produtos que antes eram importados pela parcela mais rica da população, com um padrão tecnológico e um grau de sofisticação bem distantes da realidade da maioria do povo. Como muitas das empresas eram multinacionais, convinha fabricar aqui o mesmo produto que era feito na matriz nos Estados Unidos, Alemanha ou Japão, ou seja, um produto totalmente alienado da renda média da população brasileira.

Essa mentalidade de produzir bens e serviços adequados ao primeiro mundo também reproduz a cultura transmitida na maioria dos livros de Administração de autores estrangeiros adequados aos seus países. Entramos num processo industrial de freios com ABS, aparelhos com som *dolby*, shopping centers com piso de mármore, toca-fitas com *auto-reverse* e outras sofisticações importantes para um consumidor americano, mas de prioridade discutível ao consumidor brasileiro.

***O novo modelo industrial brasileiro será voltado aos produtos populares.***
***O número de ricos está diminuindo***

O novo padrão industrial brasileiro será voltado às faixas de renda mais baixas na pirâmide social, ou seja, aos produtos populares. O modelo de produzir e vender aos 10% mais ricos não terá mais sucesso, porque o número de ricos está diminuindo e também porque com a abertura da economia eles vão preferir importar os produtos mais sofisticados. A indústria brasileira não tem capacidade de produzir um produto mais elaborado, em condições de competir com o importado, exatamente porque o mercado de pessoas ricas no País é muito pequeno se comparado aos Estados Unidos, Europa e Japão.

A diferença entre o mercado consumidor brasileiro e o do primeiro mundo fica mais clara ao fazermos uma comparação entre um metalúrgico que trabalha na unidade brasileira da General Motors, produzindo ano após ano automóveis Ômega, sem ter a menor chance de um dia poder vir a adquirir um carro desse tipo, e um metalúrgico da BMW alemã, que vai ao trabalho dirigindo o seu próprio BMW, mesmo que seja um usado.

Como usuário do automóvel que fabrica, o operário alemão passa a ter uma relação mais crítica com o produto que faz na rotina diária. O primeiro ruído diferente na suspensão traseira de seu carro leva esse operário a participar do processo de aprimoramento do veículo. Certamente ele vai procurar o encarregado do setor que cuida da suspensão, para trocar idéias com o objetivo de melhorar a qualidade do produto dali para a frente. É possível que em menos de uma semana o problema já esteja resolvido e o produto tenha sido melhorado, sem que a alta direção da empresa sequer tenha tomado conhecimento do assunto.

Coloque esta mesma situação na realidade brasileira. Somente depois de dezenas de consumidores insatisfeitos reclamarem nas concessionárias, estas levarão o problema ao diretor de marketing, que por sua vez falará com o diretor de produção. Dependendo da agilidade da empresa, depois de seis meses, ou até um ano, é que o processo será resolvido. Michael Porter, em seu livro *A Vantagem Competitiva das Nações*, mostra claramente que nenhuma empresa poderá vencer a luta competitiva, se não tiver na sua porta competidores exigentes. Uma das causas do sucesso do Japão é o altíssimo nível de exigência do consumidor japonês. Lá, as lojas e supermercados ficam abertos aos domingos para dar mais tempo ao consumidor japonês para fazer comparações entre um produto e outro.

### *Precisamos tirar o ABS do freio, o* dolby *do som, a tecla de auto-reverse do toca-fitas e o mármore dos shopping centers*

É óbvio que nesse contexto a indústria brasileira jamais conseguirá fazer produtos para um público de alto poder aquisitivo com a mesma competência e eficiência que as empresas do primeiro mundo. A nossa indústria precisa adequar a sua produção ao nível de renda do País. Produtos menos sofisticados e mais condizentes à nossa realidade. Precisamos tirar o ABS do freio, tirar o *dolby* do som, a tecla de *auto-reverse* do toca-fitas e o mármore do piso dos shopping centers. Enfim, rever o produto e dele retirar sofisticações tecnológicas mais adequadas ao consumidor do primeiro mundo, acostumado a um alto grau de obsolescência, que leva a um contínuo lançamento de modelos cada vez mais evoluídos.

No Brasil, 90% da população brasileira ainda não possui o produto básico. As sofisticações são dispensáveis na primeira compra. Se o ex-presidente dos Estados Unidos George Bush reclamava que não sabia para que serviam tantas teclas em um aparelho de videocassete, imaginem um consumidor que compra o seu primeiro aparelho.

Transferimos esse conceito para a indústria automobilística e chegamos à conclusão de que, em vez de estimular a volta do Fusca, o governo brasileiro deveria ter introduzido no Brasil a bicicleta com motor como solução para o problema de transporte da população. O fusca custa entre US$7 e US$8 mil e poucos são os consumidores no País que podem pagar esse preço. Por outro lado, uma bicicleta com motor poderia custar entre US$200 e US$300, um preço acessível à renda média brasileira. A Índia resolveu o seu problema de transporte com a introdução do triede, uma lambreta com três lugares. O maior fabricante de bicicletas do mundo está na China; os chineses perceberam que este é o meio de transporte mais adequado ao seu estágio de desenvolvimento e ao nível de renda de sua população.

### *Em Nova Iorque não se imaginaria construir um grande centro de compras sem acesso direto ao metrô*

Algumas cidades começam a perceber os benefícios que a bicicleta pode trazer e passam a incluí-la no seu planejamento urbano. Ribeirão Preto, no interior de São Paulo, trouxe um técnico da Austrália para planejar e implantar a sua primeira ciclovia. Uma mudança dessas não pode ser feita sem a participação do governo e certamente precisaremos mudar algumas leis de trânsito.

A questão da prioridade ao produto popular como saída para a indústria brasileira está longe das preocupações de um governo que isenta totalmente de impostos de importação todos os produtos que custam menos de US$100. Essa medida praticamente dificulta ou até impede a uma empresa brasileira a fabricação desses mesmos produtos; aqui ela terá de pagar em média 50% de impostos para concorrer com um produto importado, isento de tarifas alfandegárias e às vezes beneficiado com estímulos à exportação em seu país de origem.

Um dos desafios mais importantes para quem quiser entrar no mercado de produtos populares é a relação custo-benefício entre preço e qualidade. Afinar esse dueto é fundamental para evitar que um produto com um pouco mais de qualidade extrapole o preço possível ao consumidor brasileiro. De acordo com essa preocupação, a embalagem é certamente um dos itens mais importantes para o barateamento de um produto. A Batavo, usina de beneficiamento de leite e derivados do Paraná, lançou no mercado, em 1994, o iogurte tamanho família que substituía cinco potes do tamanho tradicional de 200 gramas por um saco plástico com 1 litro do produto. O custo caiu

50% devido às economias obtidas com a nova embalagem; o sucesso foi estrondoso. A concorrência imediatamente acompanhou a novidade, já que a nova embalagem mantém inalterada a qualidade do produto.

As empresas brasileiras terão de rever ainda os seus canais de distribuição. O shopping center com piso de mármore certamente colocará o produto fora do alcance do consumidor médio. Não é somente dinheiro que falta à população de baixa renda para comprar mais, o tempo é um fator importante para o consumidor. Por isso, é incompreensível o fato de não terem sido previstos espaços para comércio junto às estações de metrô nas grandes cidades. Quase não existe comércio instalado próximo ou sobre as estações de metrô no Brasil. Em Nova Iorque não se imaginaria construir um grande centro de compras sem acesso direto a um sistema de transporte de massas. As duas lojas mais famosas e disputadas da cidade, a Macy's e a Bloomingdale's, estão localizadas junto a estações do metrô.

É fundamental evoluir do sistema tradicional de vendas em lojas e facilitar o acesso do consumidor com novas formas de vendas, como o telemarketing; as compras por reembolso postal, por meio de catálogos; e as lojas de fábrica que barateiam os custos de distribuição, entre outras.

***Estatísticas mostram que no ano 2000 três quartos da população mundial serão compostos de pessoas de baixa renda***

A partir do momento que a indústria conseguir fazer o produto barato e com a qualidade adaptada à realidade brasileira, vamos passar a produzir em massa pela primeira vez. Aquelas cenas do filme *Tempos Modernos*, de Charles Chaplin, ainda não aconteceram no Brasil. Quando tivermos alcançado esse ponto, ou seja, produzir barato e em grandes quantidades, teremos atingido o estágio da exportação não para o primeiro mundo, mas para o Terceiro Mundo. O mundo da China, o mundo da Índia, o mundo da Grécia, que são países com população de perfil muito próximo ao do Brasil.

Precisamos rever rapidamente o modelo de produzir artigos sofisticados para o primeiro mundo e explorar melhor o potencial de exportação ao padrão de consumo de pessoas de baixa renda. As estatísticas mostram que no ano 2000 três quartos da população mundial serão compostos de pessoas de baixa renda. Isso leva a uma mudança nos padrões usados na publicidade. Os modelos que reproduzem padrões raciais e hábitos de consumo da classe média precisam ser adaptados para atrair o novo mercado. Nesse cenário, chama a atenção o comercial criado para a cerveja Antarctica que reproduz o tradicional pagode brasileiro, estrelado por pessoas negras e mulatas. Certamente o comercial não foi inspirado no princípio de passar uma mensagem politicamente correta, mas sim por questões de negócio. No Brasil, 50% dos consumidores de cerveja são pretos e mulatos.

Este novo ciclo de desenvolvimento que começa em 1992 deve durar até o ano 2005. A principal razão para colocar uma data-limite a este novo período de crescimento é que não é possível identificar ainda a capacidade brasileira de enfrentar o seu maior concorrente no ano 2000, a China. Se nestes dez anos o País conseguir dar um salto qualitativo, teremos subido alguns degraus na renda per capita e estaremos produzindo produtos diferentes, e não mais competindo na mesma faixa dos chineses. Se o Brasil perder o barco e continuar desperdiçando anos e anos em impasses, do tipo acaba a inflação, volta a inflação, chegaremos ao ano 2005 competindo, cabeça a cabeça, com países como a China e a Índia. Fica difícil, portanto, tentar projetar cenários econômicos para o Brasil sem saber como o País fará a sua lição de casa nos primeiros anos deste novo ciclo de crescimento.

***A desnacionalização da economia é um dos preços que vamos pagar pelos dez anos de má administração econômica do País***

Continuaremos tendo dificuldades nesta nova década de desenvolvimento do País, mas os problemas serão outros. O primeiro deles, ironicamente, será administrar esse crescimento. Nós não estamos preparados para isso. Em Brasília, poucas são as cabeças que entenderam e estão preparadas para este surto de crescimento. O outro problema é a brutal desnacionalização da economia. Milhares de empresas familiares com problemas sucessórios irão aproveitar essa oportunidade para colocar seus negócios a peso de ouro nas mãos de empresários estrangeiros. Esse tipo de investimento externo não gera empregos, simplesmente transfere o controle acionário de uma família brasileira para um grupo gerencial americano, europeu ou japonês. O que melhora a longo prazo é a capacidade administrativa.

Como o segredo da institucionalização do negócio é ter um contato muito próximo com o seu cliente, é possível que empresas multinacionais não estejam tão atentas à realidade brasileira quanto seria necessário. Embora nos Estados Unidos já existam empresas atuando no conceito de fabricar produtos populares conhecido como *reach down*. A desnacionalização da economia é um dos preços que vamos pagar pelos dez anos de má administração econômica e, a longo prazo, isso é ruim para o País.

Imaginemos toda a indústria automobilística japonesa nas mãos de subsidiárias de empresas americanas. É óbvio que ela não seria a potência que é hoje e o presidente dos Estados Unidos não precisaria conversar com o primeiro-ministro japonês para resolver o crônico problema de déficit comercial dos Estados Unidos. Ele chamaria os presidentes das três maiores indústrias de automóveis americanas e pediria que reduzissem o ritmo de investimentos e de exportações de suas subsidiárias japonesas.

Novas regras para captar recursos financeiros virão com este novo ciclo de desenvolvimento e deixarão de fora as empresas de capital fechado. Empresários que insistirem em manter a totalidade do controle acionário dentro da família provavelmente não terão recursos necessários ao crescimento de seus negócios, que serão ultrapassados por empresas que abrirem seu capital.

### *O maior problema das empresas neste novo ciclo de crescimento será manter seu pessoal competente*

O grande desafio está na área de recursos humanos. Como as empresas farão para reter os seus melhores funcionários, gerentes e executivos? De alguma forma os problemas gerenciais e as questões técnicas podem ser resolvidos ou por intermédio de consultorias ou de aquisição de tecnologia externa. Mas nenhuma empresa sobrevive a um processo de perda de seus quadros mais qualificados. Para o Brasil não será fácil manter o seu pessoal, principalmente porque nos primeiros cinco anos deste ciclo de desenvolvimento haverá um aumento brutal no *turn over* dos executivos e funcionários mais bem preparados nas empresas do País.

A rotatividade de mão-de-obra é uma questão grave, pois 28% dos empregados de uma empresa mudam de emprego ao final de um ano. Estatisticamente, em cinco anos, a empresa terá mudado todos os seus funcionários. Este é um problema que dificulta o planejamento de qualidade de uma organização, bem como os seus programas de treinamento. Com o reaquecimento da economia milhares de executivos e funcionários insatisfeitos com o seu trabalho, mas sem coragem de mudar de emprego por causa do período recessivo, na primeira oportunidade trocarão de empresa ou abrirão seu próprio negócio.

Para evitar a debandada de seus melhores executivos e funcionários, será vital para a empresa brasileira criar novos mecanismos de manutenção de seu pessoal. A forma mais cara é aumentar os salários a cada ameaça de demissão. Existem outras mais baratas, como oferecer participação no patrimônio por meio de ações. Não necessariamente doando as ações, mas facilitando a sua compra. Quando se distribui o lucro de uma empresa entre os funcionários, eles ganham muito menos do que quando se distribui o capital dessa empresa. Dobrar o lucro num balanço pode significar um aumento de dez vezes no preço da ação. É muito mais vantajoso para o funcionário ter a possibilidade de comprar ações na empresa na qual trabalha do que ficar lutando por um programa de participação nos lucros. A alta rotatividade de pessoal cria uma distorção nesse sistema, pois, provavelmente, o funcionário estará aumentando o lucro do seu futuro substituto.

No Brasil existem quatro tipos de empresas: aquela em que somente o dono se diverte; aquela na qual somente o filho do dono se diverte; aquela onde ninguém se diverte; e, finalmente, a empresa moderna, na qual todo mundo se diverte. A boa empresa para trabalhar é aquela na qual a segunda-feira não é o pior dia da semana, nem sexta-feira o melhor dia da semana. Ou seja, é uma empresa aberta às sugestões dos empregados, em que os chefes ouvem os subordinados e eles se sentem parte do processo, porque algumas das suas idéias foram aproveitadas; o empregado não está apenas obedecendo a ordens, ele faz parte de uma equipe.

# CONCLUSÃO

A chave do bom desempenho de uma empresa é parar de tentar prever o futuro e partir para a ação, fazendo o seu próprio futuro. Durante muito tempo a estratégia das empresas brasileiras foi a de buscar agilidade na previsão do futuro da economia. O segredo dessa estratégia consistia na contratação de consultores econômicos, de preferência profissionais com acesso a informações privilegiadas provenientes da equipe que estivesse no comando da economia brasileira. A providência seguinte era adotar medidas que proporcionassem altos lucros advindos da antecipação do futuro. Porém estes são lucros efêmeros. As empresas transformam-se em organizações voltadas à especulação e arbitragem, e viram as costas aos desafios do mercado. Mesmo sem perceber, elas estimulam o papel do especulador e não do empreendedor.

O lento declínio da estratégia do economista previsor do futuro deve-se em grande parte à redemocratização do processo político e, por extensão, do econômico. A estratégia agora é agilidade e capacidade de se adaptar rapidamente aos novos tempos da realidade brasileira e mundial, já que a nossa economia passa por um processo irreversível de abertura.

O estadista no mundo dos negócios é o que tem a visão do futuro, ou seja, é quem faz os novos tempos acontecerem. Os meios de comunicação passaram a refletir claramente essa tendência a partir da metade da década de 1980, quando reforçaram a cobertura de fatos relacionados ao mundo das empresas e de seus negócios. Esse tipo de noticiário passou a ocupar cada vez mais o espaço, antes destinado à divulgação das decisões econômicas de Brasília. Investimento no homem passou a ser a causa mais citada do sucesso de uma empresa. E a conclusão inevitável: se não dá para depender do governo, vamos depender de nós mesmos.

Foram anos de experiências econômicas malsucedidas. Empresários e trabalhadores, colocados na posição de cobaias, pouco interfeririam no futuro dos seus negócios e nos próprios rumos da economia do País. Foi o tempo da baixa auto-estima, da depressão e da falta de motivação.

Felizmente ultrapassamos essa fase da vida brasileira. Recuperamos lentamente a capacidade de influirmos nas decisões políticas e econômicas, e hoje já não há mais espaço para decretação de choques que costumam fazer com que tudo vá por água abaixo.

Executivos, empresários e trabalhadores passam a ter seus esforços recompensados. Nada estimula mais o crescimento do que o sucesso e o sentimento de realização, ao final de um dia produtivo. Nada desanima mais do que a estagnação, o prejuízo, o sonho paralisado.

Boa parte deste crescimento que teremos é uma simples recuperação do tempo perdido na frustrante década de 1980. O barco volta a andar; a auto-estima lentamente se recupera e a nação reconquista sua crença em si mesma. Por mais incrível que possa parecer a muitos brasileiros, o País do futuro começa a acontecer. O futuro chegou.

## Gráfico 27    PIB brasileiro volta a crescer.

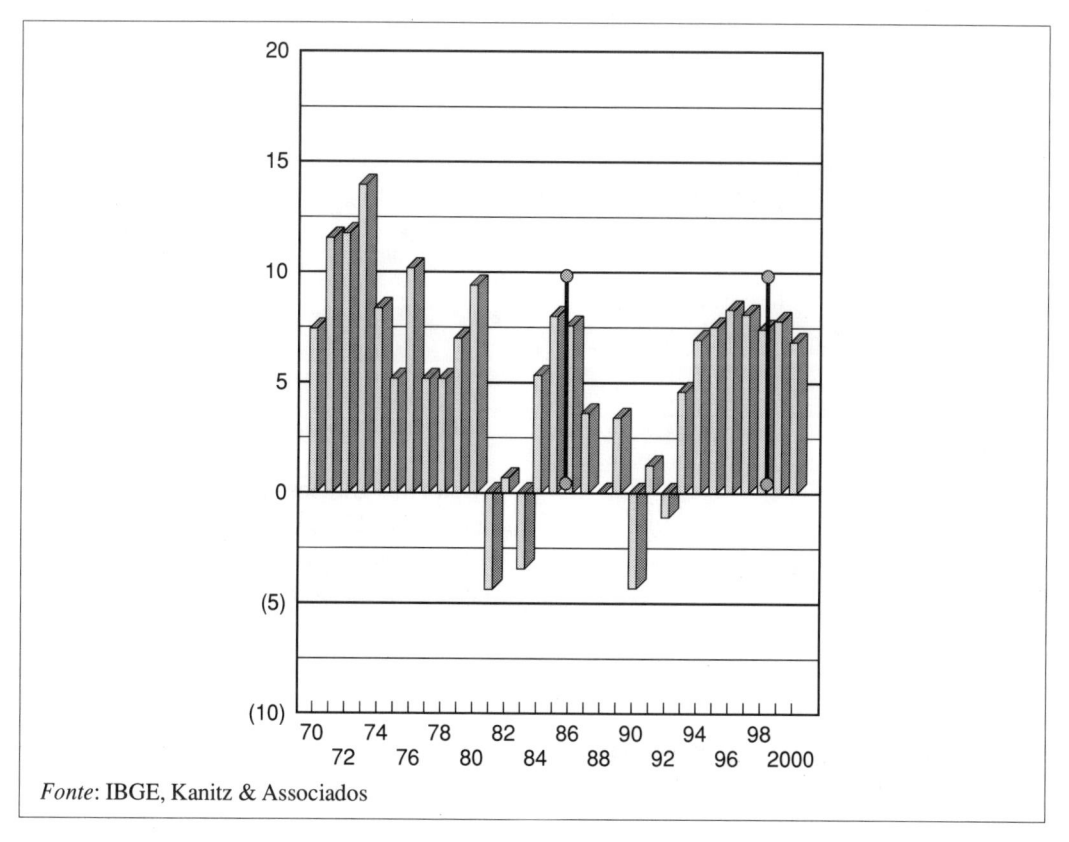

*Fonte*: IBGE, Kanitz & Associados

Em 1993, o Brasil interrompe um período de maus desempenhos e o PIB volta a crescer, acompanhando um novo ciclo de desenvolvimento da economia brasileira que vai estender-se até o ano 2005.

## Gráfico 28  Crescimento do PIB 1993 (%).

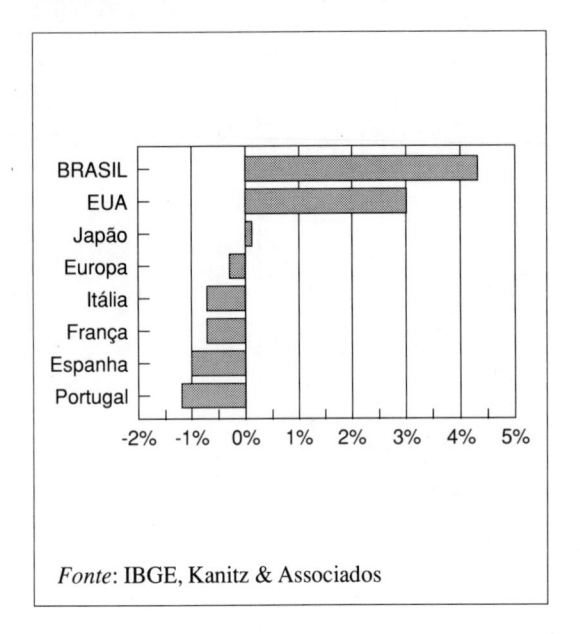

*Fonte*: IBGE, Kanitz & Associados

**PIB brasileiro comparado a outros países**

Nestes três gráficos, que comparam o crescimento do PIB brasileiro nos anos de 1993, 1994 (projeção) e 1995 (projeção) fica evidente a recuperação da economia brasileira.

## Gráfico 29  Crescimento do PIB 1994 (%).

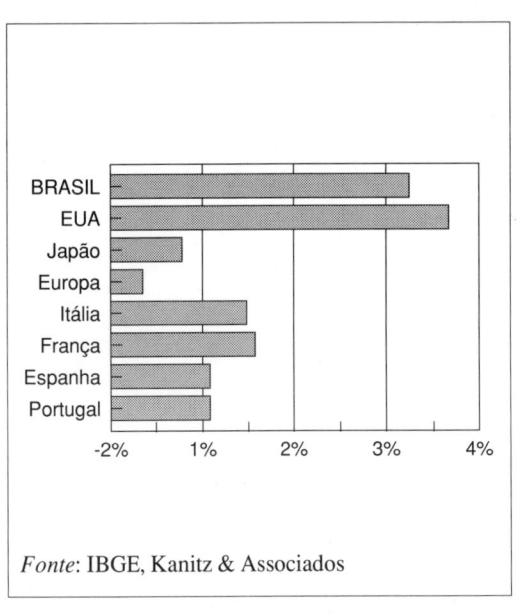

*Fonte*: IBGE, Kanitz & Associados

## Gráfico 30  Crescimento do PIB 1995 (%).

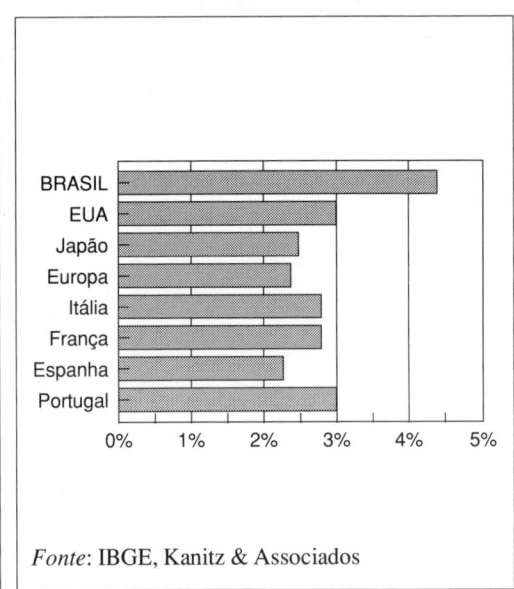

*Fonte*: IBGE, Kanitz & Associados

*APÊNDICE*

# INFLAÇÃO SUPERESTIMADA

- *A razão do fracasso dos planos de estabilização*

Encontrar as causas para o fracasso das recentes tentativas de estabilização da economia brasileira nos governos Sarney e Collor é fundamental para evitar a repetição de erros semelhantes em planos futuros. Por que os planos não dão certo? Basicamente porque, ao final do período de implantação das medidas, o índice de inflação é superestimado. Falhas na metodologia de coleta e interpretação dos preços praticados no mercado levam a números errados, sempre superiores à realidade. Corrigido esse erro, um futuro plano terá mais chances de dar certo, especialmente porque muitas das causas da inflação foram efetivamente sanadas nos planos anteriores.

Os resultados desanimadores dos cinco últimos planos de estabilização dos preços geram uma suspeita de que ainda existe algum mecanismo de inflação não diagnosticado, sem registro na literatura econômica e peculiar à economia brasileira. Afinal tudo já foi tentado e a inflação persiste.

A maioria das pessoas pensa que os índices de preços no Brasil são ligeiramente subestimados. Acreditam que uma inflação real de 9% acaba sendo divulgada como 8,97% e assim por diante. Talvez seja por isso que ninguém jamais considerou a possibilidade de os índices de preços, por alguma razão, serem superestimados.

Suponha o leitor que esta hipótese seja verdadeira. Que uma inflação real de 8% acabe sendo divulgada como 9%. Nestas condições, nenhum plano, por melhor que fosse, conseguiria resolver o problema. Uma inflação real de 8%, ao ser divulgada como 9%, aumentaria o piso da inflação numa espiral incontrolável, além de gerar expectativas ainda mais sombrias. Fora isso, o governo estaria pagando, ao longo do tempo, um juro real sobre a sua dívida de 1% ao mês acima do necessário, com conseqüentes pressões sobre o déficit público e sobre as finanças públicas. O diagnóstico mais aceito, porém, é de que o déficit público é a principal causa da inflação, e não de que o déficit público seja uma conseqüência de um erro na metodologia de cálculo da inflação.

Já se suspeita há algum tempo de que os índices de preço são mal calculados. Gasta-se em média US$20 mil por mês para calcular um índice, incluindo custos de pesquisadores, digitadores etc.; valor muito baixo para se ter um índice com a segurança e qualidade necessárias. O País perde a cada ano 10% do PIB, algo em torno de US$50 bilhões, com as ineficiências geradas pela inflação; os US$20 mil gastos com a pesquisa que define os seus números são claramente desproporcionais à realidade.

Não é difícil imaginar que um país que superavalia a sua inflação jamais conseguirá acabar com o problema, independente dos números de planos de estabilização que implantar. O raciocínio que será desenvolvido aqui prova que, quando a inflação aumenta, os índices gerais de preço são superestimados. A contrapartida também é verdadeira, pois, quando a inflação cai, os índices são subestimados.

A principal distorção no sistema de coleta de preços é a utilização do critério do preço médio. Um eletrodoméstico, por exemplo, é pesquisado em 12 lojas, e, ao final da coleta, é feita uma média dos preços daquele tipo de aparelho. Já a dona de casa decide-se pelo produto mais barato depois de comparar preços em diversas lojas. Como ela não comprará pela média, concluiu-se que os preços realmente pagos pelo consumidor são inferiores aos coletados e aos que comporão o índice. A principal diferença é que aos pesquisadores não é dada uma soma em dinheiro para fazer compras da melhor forma possível, como faz um consumidor.

O índice geral de preços deveria medir quanto o custo de vida de uma pessoa aumentou durante o mês pesquisado. O brasileiro só é consultado na composição do índice de inflação no item aluguel. Por razões técnicas e de custo, levantam-se preços expostos nas lojas e não os preços efetivamente pagos pelos produtos. A conseqüência desse erro é uma coleta de preços pretendidos pelos comerciantes e não efetivamente praticados pelo consumidor. Essa economia metodológica gera uma superestimação de 1% a 2% ao mês, dependendo da aceleração inflacionária.

Num período de inflação alta, o comprador pesquisa preço em pelo menos dois locais, antes de fechar o negócio. A decisão pode ser tomada diante da própria prateleira da loja entre duas marcas diferentes. No segmento eletrodomésticos e eletroeletrônicos, com preços unitários mais elevados, a consulta pode atingir, em média, quatro valores. Os publicitários preferem não admitir, mas a fidelidade à marca vai para o espaço durante um período de recrudescimento inflacionário. Os índices de preço acabam funcionando como indicadores dos produtos que ficam nas prateleiras, e não dos produtos que estão sendo levados para casa.

Na segunda parte deste estudo quantificamos esse erro para conhecer sua real magnitude.

1. O erro, relacionado com o grau de aceleração da inflação, é de 1,2% a 2% ao mês, que cumulativamente ao ano poderá atingir 400% ou 600%.

2. Quase 80% da inflação brasileira é gerada nesse erro e não por fatores como déficit público, margens industriais e outros, amplamente aceitos como a causa principal.

3. Os planos heterodoxos foram, ao contrário do que se pensa, bem-sucedidos, apesar de suas incorreções e distorções que causam aos preços relativos. O que não deu certo foram os efeitos na contabilização do índice, e o fato de que esse erro é extremamente mais acentuado quando a inflação dá um pequeno salto, a partir de uma exígua base congelada.

**4.** Resolver esse erro é condição básica para eliminar a inflação brasileira. Uma vez aceita a hipótese, a solução é fácil.

Existe uma tendência entre especialistas de acreditar que incorreções como estas, cometidas sistematicamente em dois meses seguidos, não afetariam o cálculo da inflação. A incorreção de um mês seria compensada pela do mês seguinte, já que os índices só captam variações e o erro de cálculo deveria ser mínimo. Esse argumento verbal não se sustenta, como demonstraremos nos cálculos que seguem.

A variável que explica a superestimação da inflação no Brasil chama-se prazo de crédito, o período de tempo que as indústrias concedem aos seus clientes para pagar as suas compras, ou duplicatas. Isso explica as variações de preço de um mesmo produto em lojas diferentes. A loja que oferece o preço menor comprou uma geladeira há 30 dias e pagará o produto ao fabricante nessa data. Na loja em que essa mesma geladeira é vendida por um preço mais alto, o produto foi comprado ontem e será pago somente daqui a 30 dias. A diferença é justamente o prazo de crédito concedido pelo fabricante e ela acaba sendo determinada pela data de compra do produto pelo lojista.

Por várias razões, os índices de preço no Brasil captam os valores a prazo, que somente serão pagos 28 dias após a coleta de preços. Simplificado ao extremo, isso significa que os índices de inflação acabam incluindo hoje os preços de amanhã. Se a taxa de inflação for estável, a leitura até poderá ser correta, mas, se a taxa for crescente, a inflação estará sendo superestimada. E essa superavaliação faz com que o patamar da inflação aumente sem parar.

Se a taxa for decrescente, como ocorre logo após um congelamento, a taxa de inflação é subestimada. O índice de 0% em março de 1986 era um mito, como todos supunham. Na realidade, a inflação foi de 5%, mas, subestimada, caiu para 0%. A Tabela 1 ilustra esse fenômeno claramente, apesar de ser uma simplificação de como as empresas estabelecem os seus custos de vendas.

Vejamos exatamente o que ocorre num país com aumento da taxa inflacionária. A inflação, pelas dezenas de razões já apontadas pelos registros da época, sobe de 1% em novembro para 4,5% no mês de dezembro. Os juros passam de 3% ao mês para 6,6% ao mês. A matéria-prima que custava Cz$ 100,00 para os fabricantes passa para Cz$ 104,50. Como o prazo de crédito é de 28 dias, as despesas financeiras dependem somente da taxa de juros, e o preço final pula para Cz$ 110,90.

Apesar de a inflação usada neste cálculo de preços ter sido de somente 4,5%, os órgãos divulgadores de inflação irão comparar os preços de Cz$ 102,80 do mês de novembro e Cz$ 110,90 de dezembro, e captar uma inflação de 7,9%, superestimando a inflação, que na verdade foi de somente 4,5% naquele mês.

**Tabela 1**

|  | *Nov* | *Dez* |
|---|---|---|
| Inflação | 1 | 1 |
| Inflação adicional |  | 3,5 |
| Inflação real | 1 | 4,5 |
| Juro real | 2 | 2 |
| Juros nominais | 3 | 6,6 |
| Matéria-prima (Cz$) | 100,00 | 104,50 |
| Prazo cred. (dias) | 28 | 28 |
| Desp. financeiras (Cz$) | 2,80 | 6,40 |
| Preço final (Cz$) | 102,80 | 110,90 |
| Inflação oficial no período |  | 7,9% |
| Inflação real no período |  | 4,5% |

A bola de neve está lançada. A caderneta de poupança recebe automaticamente a correção de 7,9% mais juros de 0,5% e o resto da economia acompanha, gerando uma espiral inflacionária sem fim como pode ser visto na Tabela 2.

**Tabela 2**   Previsão feita em agosto de 1986 para o Plano Cruzado.
Inflação reprimida de 3,5% gera boa parte da inflação do período.

|  | 1986 |  | 1987 |  |  |  |  |
| --- | --- | --- | --- | --- | --- | --- | --- |
|  | Nov | Dez | Jan | Fev | Mar | Abr | Mai |
| Inflação | 1 | 1 | 7,9 | 1,1 | 14,2 | 17,2 | 20,1 |
| Inflação adicional | 0 | 3,5 | 0 | 0 | 0 | 0 | 0 |
| Inflação real | 1 | 4,5 | 7,9 | 11,1 | 14,2 | 17,2 | 20,1 |
| Juro real | 2 | 2 | 2 | 2 | 2 | 2 | 2 |
| Juros nominais | 3 | 6,6 | 10 | 13,3 | 16,5 | 19,6 | 22,5 |
| Matéria-prima (Cz$) | 100,00 | 104,50 | 112,70 | 125,30 | 143,10 | 167,80 | 201,50 |
| Prazo Cred. (dias) | 28 | 28 | 28 | 28 | 28 | 28 | 28 |
| Desp. financeiras (Cz$) | 2,80 | 6,40 | 10,50 | 15,50 | 22,00 | 30,50 | 42,00 |
| Preço final (Cz$) | 102,80 | 110,90 | 123,30 | 140,80 | 165,10 | 198,30 | 243,50 |
| Inflação prevista | 1 | 7,9 | 11,1 | 14,2 | 17,2 | 20,1 | 22,8 |
| Inflação incremental |  | 6,9 | 3,2 | 3,1 | 3 | 2,9 | 2,7 |
| Inflação superestimada em 6 meses = |  |  | 20,1% |  |  |  |  |
| Inflação constatada | 2,4 | 7,5 | 12,4 | 14,1 | 15 | 20 | 27 |

Os dados comparativos mais importantes desta tabela são a inflação prevista de 22,8 % e a inflação ocorrida no período de 27%.

O insucesso do Plano Collor, não esperado por ninguém em prazo tão curto, pode ser explicado por esse efeito. Para agravar ainda mais o problema, o Plano Collor mexeu com duas variáveis importantes desse fenômeno, a taxa de juros e o prazo de crédito. Sem liquidez, as empresas foram obrigadas a recorrer a um brutal aumento no prazo de crédito de 15 dias, antes do plano, para 45 a 60 dias em média, depois do plano. Era a única forma de as empresas começarem a vender. Isso levou a uma superestimação ainda maior da inflação; quanto maior o prazo de crédito, maior o problema.

Em um segundo momento, o Banco Central aumentou as taxas de juros de acordo com a linha monetarista. Na Tabela 3 é apresentada uma simulação do aumento de juros.

**Tabela 3**     Aumentando a Taxa de Juros – A solução monetarista.

|  | *1986* |  | *1987* |  |  |  |  |
|---|---|---|---|---|---|---|---|
|  | *Nov* | *Dez* | *Jan* | *Fev* | *Mar* | *Abr* | *Mai* |
| Inflação | 1 | 1 | 8,9 | 13,1 | 17,2 | 21,2 | 25 |
| Inflação adicional | 0 | 3,5 |  |  |  |  |  |
| Inflação real | 1 | 4,5 | 8,9 | 13,1 | 17,2 | 21,2 | 25 |
| Juro real | 2 | 3 | 3 | 3 | 3 | 3 | 3 |
| Juros nominais | 3 | 7,6 | 12,1 | 16,5 | 20,7 | 24,8 | 28,7 |
| Matéria-prima (Cz$) | 100,00 | 104,50 | 113,80 | 128,70 | 150,80 | 182,70 | 228,40 |
| Prazo cred. (dias) | 28 | 28 | 28 | 28 | 28 | 28 | 28 |
| Desp. financeiras (Cz$) | 2,80 | 7,40 | 12,80 | 19,70 | 29,00 | 42,00 | 60,70 |
| Preço final (Cz$) | 102,80 | 111,90 | 126,60 | 148,40 | 179,80 | 224,70 | 289,10 |
| Inflação prevista | 1 | 8,9 | 13,1 | 17,2 | 21,2 | 25 | 28,7 |
| Inflação incremental |  | 7,9 | 4,2 | 4,1 | 4 | 3,8 | 3,7 |
| Inflação superestimada em 6 meses = |  |  | 26,7% |  |  |  |  |

A aceleração da inflação, que sempre ocorre na economia brasileira nos meses de outubro, novembro e dezembro, é explicada pelo discreto aumento do prazo de crédito dado pelas empresas no final do ano, para incentivar as vendas de Natal. (Veja Tabela 4.)

**Tabela 4** Nos períodos que antecedem o Natal, o prazo do crédito aumenta quatro dias. No Plano Collor o prazo passou de 15 para 60 dias.

|  | 1986 |  | 1987 |  |  |  |  |
|---|---|---|---|---|---|---|---|
|  | Nov | Dez | Jan | Fev | Mar | Abr | Mai |
| Inflação | 1 | 1 | 8,8 | 13,6 | 18,9 | 24,9 | 31,6 |
| Inflação adicional | 0 | 3,5 | | | | | |
| Inflação real | 1 | 4,5 | 8,8 | 13,6 | 18,9 | 24,9 | 31,6 |
| Juro real | 2 | 2 | 2 | 2 | 2 | 2 | 2 |
| Juros nominais | 3 | 6,6 | 11 | 15,8 | 21,3 | 27,4 | 34,2 |
| Matéria-prima (Cz$) | 100,00 | 104,50 | 113,70 | 129,10 | 153,50 | 191,70 | 252,20 |
| Prazo cred. (dias) | 28 | 32 | 32 | 32 | 32 | 32 | 32 |
| Desp. financeiras (Cz$) | 2,80 | 7,40 | 13,40 | 21,90 | 35,10 | 56,40 | 92,90 |
| Preço final (Cz$) | 102,80 | 111,90 | 127,00 | 151,10 | 188,60 | 248,20 | 345,25 |
| Inflação prevista | 1 | 8,8 | 13,6 | 18,9 | 24,9 | 31,6 | 39,1 |
| Inflação incremental | | 7,8 | 4,8 | 5,3 | 6 | 6,7 | 7,5 |
| Inflação superestimada em 6 meses = | | | 48,4% | | | | |

Não é somente o insucesso do Plano Collor que se explica por esse efeito. Uma simulação feita para o Ministério do Planejamento a partir de um relatório elaborado sobre o Plano Cruzado, em junho de 1986, já apontava os prováveis rumos do plano caso a superestimação da inflação não fosse sanada. O assustador é observar a rapidez da espiral inflacionária que essa superestimação da inflação brasileira gera, fruto de um único aumento de 3,5% da inflação no mês de dezembro, que termina em 27,9% no mês de julho.

Os dados da comparação entre a inflação prevista pela simulação e a inflação que realmente ocorreu no período são muito semelhantes. As simulações que fizemos dos Planos Bresser e Verão demonstram o mesmo efeito: a superestimação da inflação brasileira é a grande culpada pelo fracasso dos planos, muito mais do que o déficit público, a falta de competitividade ou a margem de lucro.

Sem dúvida, existe uma variável nova no processo inflacionário brasileiro, uma variável que não aparece na literatura econômica americana. A maioria das empresas americanas vende à vista já que o comprador é financiado pelos bancos, e não pelo vendedor. Além disso, as taxas de juros e a inflação são muito baixas; a superestimação é mínima, especialmente com inflações mais ou menos estáveis, em que diminuições de preços se intercalam com aumentos. Esse fenômeno ocorre especialmente nos países de inflação elevada, como a nossa. (Veja a Tabela 5.)

**Tabela 5**    **O efeito também ocorre nos Estados Unidos, mas com uma inflação baixa, a superestimação é mínima.**

|  | 1986 |  | 1987 |  |  |  |  |
|---|---|---|---|---|---|---|---|
|  | Nov | Dez | Jan | Fev | Mar | Abr | Mai |
| Inflação | 2 | 2 | 4 | 5 | 4 | 4 | 5 |
| Inflação adicional | 0 | 1 |  | −1 | | 1 | |
| Inflação real | 2 | 4 | 4 | 4 | 4 | 5 | 5 |
| Juro real | 2 | 2 | 2 | 2 | 2 | 2 | 2 |
| Juros nominais | 2,2 | 2,3 | 2,4 | 2,4 | 2,4 | 2,5 | 2,6 |
| Matéria-prima (Cz$) | 100,00 | 100,30 | 100,70 | 101,10 | 101,50 | 101,90 | 102,50 |
| Prazo cred. (dias) | 28 | 28 | 28 | 28 | 28 | 28 | 28 |
| Desp. financeiras (Cz$) | 2,10 | 2,20 | 2,30 | 2,30 | 2,20 | 2,30 | 2,40 |
| Preço final (Cz$) | 102,10 | 102,50 | 102,90 | 103,30 | 103,70 | 104,30 | 104,90 |
| Inflação prevista | 2 | 4 | 5 | 4 | 4 | 5 | 6 |
| Inflação incremental |  | 2 | 1 | −1 | 0 | 2 | 1 |
| Inflação superestimada em 6 meses = |  |  | 0,1% |  |  |  |  |

Essa superestimação é especialmente acentuada depois de um congelamento. O efeito é diretamente proporcional ao salto inicial da inflação pós-congelamento. Por azar, o salto proporcional de 1% para 3% é muito maior do que o salto de 13% para 14%. Dessa forma, esse fenômeno é particularmente nefasto nos períodos de descongelamento.

Antes dos choques heterodoxos, o fenômeno existia, mas a inflação subia gradualmente, embora de maneira constante. A próxima simulação, feita na Tabela 6, mostra por que a superestimação naquela época não era tão transparente.

**Tabela 6   Superestimação da inflação antes dos planos heterodoxos.**

|  | 1986 |  | 1987 |  |  |  |  |
|---|---|---|---|---|---|---|---|
|  | Nov | Dez | Jan | Fev | Mar | Abr | Mai |
| Inflação | 13,5 | 13,5 | 13,9 | 14,4 | 15,2 | 16,1 | 17,1 |
| Inflação adicional | 0 | 2 | 2 | 2 | 2 | 2 | 2 |
| Inflação real | 13,5 | 13,7 | 14,1 | 14,6 | 15,4 | 16,3 | 17,3 |
| Juro real | 2 | 2 | 2 | 2 | 2 | 2 | 2 |
| Juros nominais | 15,8 | 16 | 16,4 | 16,9 | 17,7 | 18,6 | 19,6 |
| Matéria-prima (Cz$) | 100,00 | 113,70 | 129,70 | 148,70 | 171,60 | 199,50 | 234,00 |
| Prazo cred. (dias) | 28 | 28 | 28 | 28 | 28 | 28 | 28 |
| Desp. financeiras (Cz$) | 14,60 | 16,90 | 19,70 | 23,40 | 28,20 | 34,40 | 42,60 |
| Preço final (Cz$) | 114,60 | 130,60 | 149,40 | 172,10 | 199,80 | 233,90 | 276,60 |
| Inflação prevista | 13,5 | 13,9 | 14,4 | 15,2 | 16,1 | 17,1 | 18,3 |
| Inflação incremental |  | 4 | 6 | 7 | 9 | 1 | 1,2 |
| Inflação superestimada em 6 meses = |  |  | 7,1% |  |  |  |  |

Embora a simulação aponte para uma superestimação de somente 7,1%, em apenas seis meses (a mais baixa entre os exemplos dados até agora, à exceção da simulação americana), na realidade o efeito é muito menor, uma vez que o ciclo de indexação na época era semestral e não mensal como agora. Mesmo assim, em anos de maxidesvalorizações, os efeitos da superestimação eram bem nítidos.

A título de ilustração, a simulação da Tabela 7 mostra que em épocas de inflação declinante o índice é subestimado. Isso ocorreu, e ocorre, na inflação registrada após um congelamento de preços. Apesar dos aumentos preventivos feitos na véspera do lançamento dos planos, a inflação do mês seguinte normalmente é bastante reduzida, fato que contraria o bom senso. A causa é a redução dos valores dos preços a prazo que, nesse caso, subestima o índice geral de preços.

**Tabela 7    Inflação em queda, inflação subestimada.**

|  | 1986 |  | 1987 |  |  |  |  |
|---|---|---|---|---|---|---|---|
|  | *Nov* | *Dez* | *Jan* | *Fev* | *Mar* | *Abr* | *Mai* |
| Inflação | 13,5 | 13,5 | 11,6 | 10,7 | 9,9 | 9,2 | 8,5 |
| Inflação adicional | 0 | −1 | 0 | 0 | 0 | 0 | 0 |
| Inflação real | 13,5 | 12,5 | 11,6 | 10,7 | 9,9 | 9,2 | 8,5 |
| Juro real | 2 | 2 | 2 | 2 | 2 | 2 | 2 |
| Juros nominais | 15,8 | 14,8 | 13,8 | 12,9 | 12,1 | 11,4 | 10,7 |
| Matéria-prima (Cz$) | 100,00 | 112,50 | 125,50 | 139,00 | 152,80 | 166,80 | 181,00 |
| Prazo cred. (dias) | 28 | 28 | 28 | 28 | 28 | 28 | 28 |
| Desp. financeiras (Cz$) | 14,60 | 15,40 | 16,10 | 16,70 | 17,20 | 17,60 | 18,00 |
| Preço final (Cz$) | 114,60 | 127,90 | 141,60 | 155,70 | 170,00 | 184,40 | 199,00 |
| Inflação prevista | 13,5 | 11,6 | 10,7 | 9,9 | 9,2 | 8,5 | 7,9 |
| Inflação incremental |  | −1,9 | −9 | −8 | −7 | −7 | −6 |
| Inflação superestimada em 6 meses = |  |  | −4,8% |  |  |  |  |

Vejamos o efeito de uma redução do prazo de crédito. O índice de preços perde parte do seu efeito acelerador, uma vez que ele se aproxima mais da realidade por ser menos superestimado. Esse fenômeno ocorre sempre que a inflação foge ao controle, quando as empresas, por cautela, reduzem drasticamente os prazos de crédito. Essa redução é responsável por pelo menos dois meses de aceleração inflacionária, algo várias vezes observado na economia brasileira e que fica demonstrado na Tabela 8.

**Tabela 8**  A redução no prazo de crédito diminui a inflação nominal.
Quando a inflação ameaça explodir, as empresas reduzem os prazos.

|  | 1986 |  | 1987 |  |  |  |  |
| --- | --- | --- | --- | --- | --- | --- | --- |
|  | *Nov* | *Dez* | *Jan* | *Fev* | *Mar* | *Abr* | *Mai* |
| Inflação | 13,5 | 13,5 | 12,4 | 11,5 | 10,6 | 9,9 | 9,3 |
| Inflação adicional | 0 | 0 | 0 | 0 | 0 | 0 | 0 |
| Inflação real | 13,5 | 13,5 | 12,4 | 11,5 | 10,6 | 9,9 | 9,3 |
| Juro real | 2 | 2 | 2 | 2 | 2 | 2 | 2 |
| Juros nominais | 15,8 | 15,8 | 14,6 | 13,7 | 12,8 | 12,1 | 11,5 |
| Matéria-prima (Cz$) | 100,00 | 113,50 | 127,60 | 142,20 | 157,30 | 172,90 | 189,10 |
| Prazo cred. (dias) | 28 | 26 | 26 | 26 | 26 | 26 | 26 |
| Desp. financeiras (Cz$) | 14,60 | 15,40 | 16,00 | 16,70 | 17,40 | 18,00 | 18,70 |
| Preço final (Cz$) | 114,60 | 128,90 | 143,60 | 158,90 | 174,70 | 191,00 | 207,80 |
| Inflação prevista | 13,5 | 12,4 | 11,5 | 10,6 | 9,9 | 9,3 | 8,8 |
| Inflação incremental |  | – 1,1 | – 0,9 | – 0,8 | – 0,7 | – 0,6 | – 0,5 |
| Inflação superestimada em 6 meses = |  |  | – 4,4% |  |  |  |  |

Existem diversas soluções para resolver esse problema. Mas sua aceitação e posterior implantação é que traz alguns desafios, como a mudança do cálculo do índice de inflação. Para quem não está absolutamente convicto do fenômeno poderá significar manipulação do índice. Calculando-se o índice pelo critério do valor presente dos preços, obteríamos os resultados reproduzidos na Tabela 9.

**Tabela 9**  O cálculo correto dos preços pelo seu valor presente.
Impostos calculados sobre o preço à vista.

|  | 1986 |  | 1987 |  |  |  |  |
|---|---|---|---|---|---|---|---|
|  | Nov | Dez | Jan | Fev | Mar | Abr | Mai |
| Inflação | 1 | 1 | 4,5 | 4,5 | 4,5 | 4,5 | 4,5 |
| Inflação adicional | 0 | 3,5 |  |  |  |  |  |
| Inflação real | 1 | 4,5 | 4,5 | 4,5 | 4,5 | 4,5 | 4,5 |
| Juro real | 2 | 2 | 2 | 2 | 2 | 2 | 2 |
| Juros nominais | 3 | 6,6 | 6,6 | 6,6 | 6,6 | 6,6 | 6,6 |
| Matéria-prima (Cz$) | 100,00 | 104,50 | 109,20 | 114,10 | 119,30 | 124,60 | 130,20 |
| Prazo cred. (dias) | 0 | 0 | 0 | 0 | 0 | 0 | 0 |
| Desp. financeiras (Cz$) | 0 | 0 | 0 | 0 | 0 | 0 | 0 |
| Preço final (Cz$) | 100,00 | 104,50 | 109,20 | 114,10 | 119,30 | 124,60 | 130,20 |
| Inflação prevista | 1 | 4,5 | 4,5 | 4,5 | 4,5 | 4,5 | 4,5 |
| Inflação incremental |  | 3,5 | 0 | 0 | 0 | 0 | 0 |
| Inflação superestimada em 6 meses = |  |  | 0% |  |  |  |  |

A inflação de 4,5% utilizada na Tabela 9 para dezembro de 1986 sobre os preços de matérias-primas e juros acaba sendo calculada corretamente em 4,5% pelos órgãos de coleta de preços e gera uma inflação de 4,5%; ou seja, não mais a inflação explosiva dos exemplos anteriores. Portanto, uma vez debelado esse problema de superestimação, os planos para sanear as causas primárias da inflação poderão ter sucesso. Na simulação acima (Tabela 9), o prazo de crédito igual a zero é equivalente à venda à vista.

Na Tabela 10, é apresentado um resumo das sete simulações que toma como referência o mês de maio de 1987.

**Tabela 10**

| Situação | Maio | Superestimação |
|---|---|---|
| Cálculo correto | 4,5 | 0 |
| Cruzado | 22,8 | 20,1 |
| Aumentando os juros | 28,1 | 26,7 |
| Aumento de prazo | 39,1 | 48,4 |
| Antes dos planos | – | 7,1 |
| Nos Estados Unidos | – | 0,1 |

O efeito exposto é mais complexo, as implicações, mais sutis, e as conseqüências, bem mais obscuras. Por exemplo, os prazos de crédito não são uniformes, os salários não recebem reajustes mensais e os impostos geram diversas distorções. Uma simulação perfeita requer muito mais variáveis do que aquelas apresentadas neste trabalho. Mesmo assim, as simulações mostram que uma inflação adicional de somente 3,5% é capaz de gerar uma superestimação de inflação na ordem de 48% no prazo de seis meses. Portanto, bem mais do que o déficit público e as outras causas comumente apontadas como responsáveis pelo processo inflacionário brasileiro. A seguir, relacionamos algumas soluções que poderiam ser adotadas para acabar com o problema.

- Calcular os preços pelos valores à vista, ou trazer o valor presente aos preços de atacado.

- Não reajustar os salários tomando como base os índices de variação de preços do varejo. O consumidor precisa ser estimulado a participar do esforço de combate à inflação, procurando o preço mais barato. A grande disparidade de preços existente no varejo decorre do fato de que os preços maiores são referentes às compras mais recentes, e os menores, às compras feitas há 26 dias. Como ambos estão ainda dentro do prazo de crédito do fornecedor, não há necessidade de reajustes por causa da inflação. Essas remarcações somente ocorrem para os estoques já pagos, e portanto pertencentes ao capital de giro da empresa e não do fornecedor.

- Conscientizar o varejo a adotar um sistema de *mark up* sobre o valor presente das compras, e não pelos valores constantes nas notas fiscais.

- Mudar a sistemática de cálculo do ICM e IPI, como já foi feito em alguns estados brasileiros, para que incida sobre o valor presente dos preços, pelas mesmas razões expostas anteriormente.

Os critérios utilizados para calcular os índices de preço foram elaborados para uma economia bem diversa daquela em vigor hoje no País, e até por esse motivo não é exatamente correto afirmar que os índices são mal calculados, ou que a sua metodologia seria a principal causa da inflação. Muitos índices adotam os preços no varejo que, teoricamente, não deveriam embutir valores a prazo. O varejo não possui sistemas de contabilidade de custos a valor presente, nem adotam *mark ups* sobre o valor da nota de compra. É dessa forma que os preços no varejo acabam captando o efeito de prazo de crédito. O importante é calcular índices que captem a inflação real, e não procurar os culpados pelas distorções que a própria inflação causa no sistema econômico brasileiro.

Impressão e acabamento
*(com filmes fornecidos):*
**EDITORA SANTUÁRIO**
Fone (0125) 36-2140
APARECIDA - SP

------ DOBRE AQUI E COLE ------

# CADASTRO PARA MALA DIRETA

**Favor preencher todos os campos**

★ Devolvendo-nos este cadastro preenchido, você passará a receber informações dos nossos lançamentos, nas áreas que determinar. **INVISTA EM SEU FUTURO PROFISSIONAL**

**NOME (não abreviar):**

**END. PARA CORRESPONDÊNCIA:**

**CIDADE:** **UF:** **CEP:**

**EMPRESA:** **FONE:**

**NASCIMENTO:** DIA MÊS

## 1. Estou interessado em livros das seguintes áreas:

- ☐ 1. Informática
- ☐ 2. Marketing
- ☐ 3. Vendas
- ☐ 4. Administração
- ☐ 5. Economia
- ☐ 6. Recursos Humanos
- ☐ 7. Qualidade/Produtividade
- ☐ 8. Psicologia/Sociologia
- ☐ 9. Ensino Inglês
- ☐ 10. Engenharia Civil
- ☐ 11. Engenharia Mecânica
- ☐ 12. Eng. Elétrica/Eletrônica
- ☐ 13. Engenharia Química
- ☐ 14. Ecologia
- ☐ 15. Outras (especificar): _____

**Obra:** O Brasil que Dá Certo - O Novo Ciclo de Crescimento 1994-2005
**Autoria:** Stephen Charles Kanitz

## 2. Cargo:

- ☐ 1. Presidente
- ☐ 2. Diretor
- ☐ 3. Gerente
- ☐ 4. Supervisor
- ☐ 5. Analista
- ☐ 6. Consultor
- ☐ 7. Programador
- ☐ 8. Digitador
- ☐ 9. Outros (especificar): _____

**MAKRON Books**

**MAKRON Books do Brasil Editora Ltda.**
Nova denominação da
**Editora McGraw-Hill Ltda.**
"Padrão de Qualidade em Livros"
Rua Tabapuã, 1105 - Itaim Bibi - SP
04533-905 - Tels.: 820-6622 / 820-8528

**McGraw Hill**

ISR - 40 - 1248/89
UP-Ag. Central
DR/São Paulo

## CARTA RESPOSTA
NÃO É NECESSÁRIO SELAR.

O selo será pago por

**MAKRON** *Books* **Editora Ltda.**

05999-970 - São Paulo

------------------------------- DOBRE AQUI -------------------------------